データ・AI 利活用のための情報リテラシー入門

白井詩沙香 編著

天野由貴／浦西友樹／小野　淳／小林聖人／竹村治雄
田中冬彦／千葉直也／長瀧寬之／西田知博／村上正行 著

培風館

本書に記載されている会社名や製品名などは，一般に，関係各社/団体の商標
または登録商標です。

本書の無断複写は，著作権法上での例外を除き，禁じられています。
本書を複写される場合は，その都度当社の許諾を得てください。

まえがき

　急速な科学技術の発展に伴い，組織や個人を問わず，データ・AI の利活用が爆発的に広がっている。このような時代において，デジタル社会を構成する一人ひとりが，数理・データサイエンス・AI ならびに情報科学の原理，本質，価値，可能性，限界等を理解し，日常生活や仕事の場等でこれらを使いこなすことができる基礎的素養を修得することが求められている。

　本書は，このような数理・データサイエンス・AI に関するリテラシーの修得を目的としており，数理・データサイエンス教育強化拠点コンソーシアムが定めた数理・データサイエンス・AI（リテラシーレベル）モデルカリキュラムを十分にカバーした内容になっている。さらに，基礎的な情報科学の原理についても扱い，データ・AI の利活用の観点から高等学校情報科の共通必履修科目「情報 I」での学びをさらに深めることを目指した。

　また，本書は大学初年次の情報リテラシー科目での利用を想定しており，以下のサイトで，本書の内容に対応した解説動画，演習教材を OER（公開教育資源，Open Educational Resource）として提供しているので，ご活用いただきたい。

　本書が，読者のデータ・AI 利活用のためのリテラシー修得の一助になれば幸いである。

　最後に，本書の出版に際し，お世話になった株式会社培風館の皆様ならび本書のレビューにご協力いただいた教員，学生の皆様に深く感謝する。

2025 年 2 月

著者一同

本書と連動した e-Learning 教材を OER として公開している。
培風館のホームページ
　http://www.baifukan.co.jp/shoseki/kanren.html
から，アクセスできるようになっている。
併せてご活用いただきたい。

目 次

第1章 社会に起きている変化　1

- 1.1 ビッグデータ社会・データ駆動型社会の到来 1
- 1.2 第4次産業革命とELSIへの対応 2
- 1.3 AIと生成AI 3
- 1.4 社会全体の流れ——君たちはどう生きるか 4

第2章 社会におけるデータ・AI利活用　5

- 2.1 データ・AI利活用とは 5
- 2.2 AIによる学習の概要 6
- 2.3 社会で活用されているデータ 7
- 2.4 データ・AIの活用領域 14
- 2.5 データ・AI利活用のための技術 17
- 2.6 データ・AI利活用の現場 26
- 2.7 データ・AI利活用の最新動向 29

第3章 コンピュータの仕組み　35

- 3.1 ハードウェア 35
- 3.2 ソフトウェア 40
- 3.3 情報とデータ 44

第4章 情報ネットワークの仕組み　49

- 4.1 情報ネットワークとは 49
- 4.2 ネットワークの構成 51
- 4.3 通信プロトコル 52
- 4.4 IPアドレス 55

4.5 DNS 59
4.6 暗号化技術 61

第5章 データリテラシー 65

5.1 データリテラシーとは 65
5.2 構造化データに関する基本用語 66
5.3 1変量データの分析 69
5.4 2変量データの分析 73
5.5 表計算ソフトによる実践 80
5.6 分析結果の正しい読み取り 92
5.7 様々なバイアス 94
5.8 データ収集の設計 98
5.9 意思決定のためのデータ収集と分析 100

第6章 AIプログラミング演習 105

6.1 Pythonプログラミング 105
6.2 AIプログラミング演習——機械学習の基礎 124
6.3 AIプログラミング演習——深層学習 133

第7章 データ・AI利活用における留意事項 151

7.1 データ・AIを扱う上での留意事項 151
7.2 データを守る上での留意事項 164

付録A 171

A.1 知的財産権とは 171
A.2 著作権 171

索引 179

第1章 社会に起きている変化

本章では，社会の情報化に伴って現在社会の様々な場面で起きている変化について概観するとともに，数理・データサイエンス・AI を学ぶことの意義について確認する。

1.1 ビッグデータ社会・データ駆動型社会の到来

例えば，ここ5年を振り返ってみても，我々の身の回りにおいては大きな変化が起きている。特に大きな変化としては，データ量の変化である。

世の中はデータで溢れている。かつてはアナログな情報として残されていたようなデータ類はほぼすべてデジタルデータ化され，スマートフォンでは画像のみならず，動画データを気軽に記録し，すべて保存しておくことが当たり前のように行われている。テレビ放送は多くがインターネットによる動画配信サービスにより提供されるようになり，気軽に視聴可能である。スマートフォンの通信量契約も，5年前には月当たり数 GB 程度の通信を行うような契約とほぼ同じような契約額で 30GB 程度の通信が行えるようになっており，つい数年前には無線 LAN 環境でのみ行っていたようなスマートフォンによる動画視聴やビデオ会議への参加も当たり前に行われるようになった。筆者が日々業務に従事する大学においても，成績情報，給与情報，事務的なデータ，研究データなど，あらゆるものがデジタル化されて保存されるようになっており，オンラインストレージサービスへの課金額も日々積み重なっていく状況にある。

このような超大規模データの集合およびデータの取り扱いに関する技術を総称して**ビッグデータ**（Big data）と呼ぶ。近年のインターネットにおいては，SNS の投稿を分析してタイムラインをパーソナライズしたり，インターネットショッピングにおいておすすめの商品を提案するなどのサービスが実用化されているが，これらはビッグデータを活用した実例である。現実的な時間内に処理可能なデータサイズは概ね計算機の性能に依存するため，計算機の性能向上，分散処理技術およびデータベースシステムの進化は処理可能なデータサイズの拡大をもたらし，様々なデータの処理と解釈を可能としてきた。ビッグデータというキーワードはバズワード化し，現在ではビッグデータというワードこそ聞かれなくなったものの，後述する AI 技術に欠くべからざる要素として一般化したと考えることもできる。また，ビッグデータの解析とそれに基づく意思決定を行う社会は**データ駆動型社会**（Data driven society）と呼ばれ，データの重要性は日増しに高まっていると言えよう。

1.2 第4次産業革命とELSIへの対応

第4次産業革命とは，前述のデジタル化・ビッグデータ化と，人工知能の進化による産業革命を表し，第1次（蒸気機関），第2次（電気），第3次（コンピュータおよびインターネット）に続くものである。この産業革命にはデジタル化・人工知能の進化に加え，IoT（Internet of Things）やロボティクス技術の発展も大きく寄与しており，今日では人間と情報技術の関わりは「パソコンの前に座ってインターネットに接続する」という形に限られない。例えば，音声対話可能なコンパニオン型ロボットのカチャカ[*1]は，「ねえカチャカ，コーヒーを持ってきて」と音声で指示を出せばコーヒーカップを運んできてくれるなど，情報技術とロボティクスを組み合わせて人間の暮らしを物理的に補助してくれる（図 1.1(a)）。また 2024 年には，Apple 社によるヘッドマウントディスプレイ（Head Mounted Display）である Apple Vision Pro[*2]が発売され，一般ユーザも非常に完成度の高い Mixed Reality（複合現実）コンテンツに触れられるようになった（図 1.1(b)）。このように，かつては映画やアニメの中でしか見られなかった夢の技術が現実化しつつあり，「研究として実現しました」という段階をあっという間に超えて一般的なサービスとして提供されつつある。

第4次産業革命，また前節で述べたデータ駆動型社会が進むにつれ，**ELSI**（倫理的・法的・社会的課題; Ethical, Legal and Social Issues）への対応が重要となる。膨大なデータを収集し，用いることは，プライバシーを侵害するリスクをそれだけ高めることになる。新しい科学技術は往々にして現行の法規制による解釈が困難であったり，現行法に照

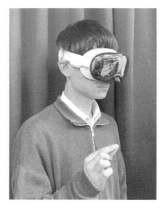

(a) カチャカ　　　　(b) Apple Vision Pro

図 1.1　多様な計算機とのインタフェース

[*1] https://kachaka.life/home/
[*2] https://www.apple.com/jp/apple-vision-pro/

らし合わせると違法となることがある。例えば，近年普及著しい小型ドローンは航空法での対応が困難であり，様々な課題を提起した。また，新しい科学技術は新たな倫理規範を必要とする。クローンや移植技術などはまさにこれにあたる。また，新しい科学技術は社会に受け入れられること，すなわち社会的受容性も必要不可欠であり，ある技術がたとえ適法であっても社会が受け入れない場合は普及させることが難しい。データ・AI 利活用における留意事項については第 7 章にて詳説する。

1.3 AI と生成 AI

人工知能（Artificial Intelligence, **AI**）の定義であるが，厳密に考えると，そもそも知能とは何かという問いに答える必要があり難しい部分を含む。そこで，本書では世間一般で言われているように，機械学習を中核とする人工知能的な技術を指すものとし，これらをすべて AI と書くことにする。

これまでに AI ブームと呼ばれる波は幾度か訪れている。1950 年代後半から 1960 年代にかけて発生した第一次ブーム，1980 年代に発生した第二次ブームは残念ながら一過性のものであったと言わざるを得ないが，いずれも本質的には計算機の性能が要求を満たさなかったことに起因する。一方で，2000 年代半ばから始まっているとされる第三次ブームは一過性のものではなく，現在に至るまでまさに社会の枠組みを変えながら続いていると言える。この第三次ブームの根幹を成すのが**深層学習**（Deep Learning）と呼ばれる技術であり，これの元となる「人工ニューラルネットワークによる機械学習を可能にする基礎的な発見と発明」という業績を挙げた John J. Hopfield 氏と Geoffrey E. Hinton 氏の両名が 2024 年のノーベル物理学賞を受賞したことは，計算機科学の研究者からは驚きとともに受け入れられた。深層学習の詳細については第 6 章にて詳説する。

深層学習により生み出された枠組みの一つである**生成 AI**（Generative AI）は，大量のデータからパターンを学習し，新たなテキストや画像，音声などを自動で生成する技術である。近年，深層学習の発展と大規模データセットの整備により，生成 AI は飛躍的な性能向上を遂げた。これに伴い，各種産業や社会生活に大きな影響を与えている。

まず，情報検索や文章生成の分野では，従来の検索エンジンや辞書的手法では対応しきれない柔軟な応答や創造的な文章作成が可能となった。例えば，自然言語処理技術を組み合わせたチャットボットは，ユーザの問いかけに対して人間とほぼ同等の文章を返すことができ，カスタマーサポートなどの領域で省力化と効率向上を実現している。また，画像分野においては，GAN（Generative Adversarial Network）などを用いた生成 AI が，合成画像やアート作品の制作に活用されている。これらの技術はゲーム開発や広告など，幅広い用途で応用されている。一方で，生成 AI の発展に伴う課題も見逃せない。フェイクニュースやディープフェイクと呼ばれる偽造メディアの氾濫は，社会的混乱やプライバ

シー侵害を引き起こす危険性がある．また，人間の労働を置き換える可能性や，知的財産権の扱いといった法的・倫理的問題も顕在化している．これらの課題を踏まえ，技術の適正利用や透明性の確保，さらに教育現場でのリテラシー向上が強く求められている．

…これは「**生成 AI がいかに世界を変えたかについて説明して下さい**」という指示のもと，ChatGPT o1 が生成したテキストである[*3]．いみじくも生成 AI 自体が言及しているとおり，現在ではテキストのみならず，画像や音声，果ては動画に至るまで AI が生成可能となっており，文章書きなどの労力は大変に軽減されることとなったが，一方で我々が自信を喪失するほどの仕事もこなしてくれる．

1.4 社会全体の流れ——君たちはどう生きるか

これまでに述べた変化は，そのまま社会全体の流れを形作っていると言える．ビッグデータの取り扱いと計算機の処理能力の向上は，AI の非連続な進化をもたらした．結果的にデジタルトランスフォーメーション（Digital Transformation, DX）を核とする第 4 次産業革命が起こり，Society5.0 と呼ばれるデータ駆動型の社会が到来しつつある．

以上は近年情報社会において話題となったバズワードを列挙しただけの文章であると読むことも可能であるが，一方でこれまでに述べた，読者諸氏が身をもって体感したであろう変化を「社会」というポジションから説明した文章であると読むこともできよう．

このように，社会は現在急速に変化し，5 年前の常識が非常識になるような時代が到来している．AI が代わりに日本語の作文をしてくれるようになる未来など，2020 年の時点で誰が予想したであろうか．もちろん「いつかはそうなる」と考えられてはいたが，進化の速度があまりに速いと誰もが感じているであろう．このまま急速に進化した AI に人間は仕事を奪われるのだろうか？ そうではない，我々はいかに AI に仕事を与え，より高度にヒトとして生きていくかを考えるべきである．

我々が AI と共存し，ヒトとして生きていくためにはどうすべきか．生きるためには知る必要がある．データや AI を利活用する方法を知る必要がある．コンピュータそのものについて知る必要がある．コンピュータ同士が通信する仕組みについて知る必要がある．データをどのように使いこなすか知る必要がある．また，コンピュータにどのように指示を与えるか知る必要がある．

読者諸氏には本書を通じてこれらの事柄を学び，AI と共存する，新しい時代の人間として必要な知識をぜひとも身に付けていただきたいと願っている．

[*3] どこからが生成されたテキストか，読者諸氏はお分かりになるだろうか？

第2章 社会におけるデータ・AI利活用

　第1章では，AIとAIに欠かせないデータによって社会及び日常生活が大きく変化していることを確認した。本章では，どのようなデータが集められ，活用されているのか，データ・AIを活用するためにどのような技術が使われているのか，データ・AIが社会でどのように利活用されているのか，様々な角度から見ていく。

2.1　データ・AI利活用とは

　はじめに，データ・AI利活用の大まかな流れを図2.1を用いて説明する。

　現代社会では様々なデータが日々生成され，データレイクのような様々なデータを格納できるリポジトリに蓄積されている。蓄積されたデータは用途に応じて加工し，分析される。例えば，データの可視化や要約を行ったり，AIを用いて大量のデータから予測やグルーピング，パターン発見などを行う。

　さて，現代のデータサイエンスにおいて，分析結果を出すことはさほど重要ではない。なぜなら，ソフトウェアを通じて誰でも容易に分析結果を出せるからである。むしろ，様々なデータの分析結果を通じて，そこから新たな価値を創造することが重要である。そのため，データ分析は広い意味ではデータから価値を引き出す所（C〜E）まで含むものと考えられる。2.7.1項で学ぶように様々なデータ，特に大量のデータの分析は身近な所でも新たな価値を生み出している。現代のデータサイエンスの隆盛において，このような広い意味でのデータ分析は重要な位置を占めている。

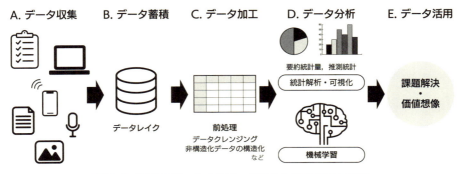

図 2.1　現代のデータの生成・収集から分析に至る経路

2.2 AIによる学習の概要

データ・AIの利活用を理解する上で，まず，AIによる学習でどのようにデータが使われているのか概略を説明しておこう。なお，データの整理・要約など基礎的なデータ分析については，第5章で学ぶ。

AIは大まかに特化型AIと汎用型AIに分かれる。**特化型AI**は，特定のタスク（例: 翻訳や画像認識）を実行するためのAIであり，**弱いAI**とも呼ばれる。**汎用型AI**は様々なタスクをこなせるAIであり，**強いAI**とも呼ばれるが，いまだに実現していない。特化型AIは近年，急速に進歩して様々な領域で応用されはじめている。そのため，本書でも特に断りがなければAIというときは主に特化型AIを指すものとする。

AIの中核は**機械学習** (Machine Learning，ML) である。機械学習とは，コンピュータ（機械）が大量のデータを「学習」して，データの規則性や関係性を発見する技術である。大まかには以下の3つに分かれる。

1. 教師あり学習
2. 教師なし学習
3. 強化学習

教師あり学習は，正解ラベルとデータのペアから学習し，未知のデータや状況に対し予測や識別を行うものである。**教師なし学習**は与えられたデータから分類やパターンを発見するものであり，グルーピング，クラスタリングとして2.5節で詳しく触れる。**強化学習**は試行錯誤を通じた特定の環境内での最適行動の学習であり2.7節で詳しく説明する。

ここでは，教師あり学習の仕組みについて，イヌの画像識別を例に説明する。AIの実体は「学習モデル」を実装したプログラムである。この学習モデルは大量の調整用パラメータを含み，初期状態は未設定のままである。この学習モデルに「学習」を施して，入力した画像について，「イヌが写っている」，「イヌは写っていない」を正しく答えさせること

図 2.2　機械学習の種類

を目指したい．まずやるべきことは，学習用データ（訓練データ）の準備である．様々な写真（画像データ）を準備し，その1枚1枚にイヌが写っている，写っていないという答え（タグまたはラベル）をつけ，膨大な数のタグ付き画像データを作る．そして，「学習」では，用意したタグ付き画像データをプログラムの入力として与え，パラメータを調整していく．このように，入力データに対して答え（正解ラベル）が与えられているため，「教師あり」学習と呼ばれる．

学習モデルの性能評価には，学習用データとは別に用意したテスト用データを用いる．各写真の画像に付与された正解ラベルと予測結果（出力データ）を比較し，正解率・適合率・再現率などを確認する．

2.3 社会で活用されているデータ

2.2節で確認したように，AIには膨大なデータが欠かせない．皆さんは「データ」という言葉を聞くとき，どのようなデータをイメージするだろうか．以下の描写はある大学生の日常生活の断片である．ここではどのようなデータが発生し，どう集められているかイメージできるだろうか．

> **とある大学生の日常生活**
>
> 大学生のKさんはスマホで「パスタ　レシピ」でSNSの投稿で検索をかけてみた．「いいね」がたくさんついた投稿が複数見つかった．動画へのリンクがついていたので，クリックしたところ，動画投稿サイトのアプリが起動した．トマトパスタの作り方の動画が再生された．Kさんは高評価をつけた．

インターネットがない時代に個人のデータというとアンケートに記入するようなものや，健康診断や病院での記録といったものであり，私たちも集められていることを自覚できた．例えば，アンケートなら性別や年齢（もしくは年代）などを手で記入し何をデータとして集めているか，収集される側にも明らかだった．

しかし現代は，上のような何気ない日常生活の中で，様々なデータが発生し，主にインターネットを通じて収集，蓄積されている．例えば，SNSユーザは通常，ユーザIDといった識別のための番号 (例えば, S123456789) で個人と紐づけられており，検索履歴も保存されている．上の例であれば，S123456789というIDをもつユーザは「パスタ」や「レシピ」に興味があるといったこともデータとして記録される．後半の動画投稿サイトでもSNSとは別のアカウントが登録されているが，再生された時間や，視聴時間，高評価をつけたといったデータがやはり記録されている．

1件1件の記録は，あまり意味がないが大量に集まると価値が出てくる．大量のユーザのデータが有益であるのはもちろん，特定個人であっても長期間の記録であれば操作履歴を通じて，どういったものにどれくらい興味があるのかといったサービス提供側にとって重要な情報を取り出せる．データサイエンスやAIで利活用が重要視されている主要なデータの一つはこのようなログデータである．ログデータは収集対象である本人が自覚していないレベルで，裏側で自動的に大量に収集されている．スマートデバイスやセンサ，ネットワークなどの発達がこのような収集を可能にしている．

ログデータ以外にも，実験装置や観測機材から収集されるデータが大規模化している．以下では，こうしたデータがどこでどのように発生しているのかとその分類，AI学習のための整備などについて詳しくみていく．

2.3.1 データの区分

データは，その収集方法に注目すると，表2.1に示す4種類に大まかに分かれる．

a. 調査データ

調査データは，主に人間を対象としてアンケート形式で行い，その結果を集計したデータである．従来は，対面や郵送で回答を回収するなど非常に手間がかかるため，事前に実施目的や分析方法も踏まえて計画し，収集されてきた．

最も有名なものは4年に一度の国勢調査であろう．これは，日本の全国民が回答対象となる，いわゆる**全数調査**である．一方で，内閣支持率調査などは，無作為に選ばれた世帯に電話をかけて調査を行うもので，**標本調査**などと呼ばれる．無作為抽出による標本調査

表 2.1 データの区分

区　分	説　明
調査データ	アンケート調査のように調査を行う前に，目的を設定し，その目的を達成するために収集されるデータ．国勢調査をはじめとした，行政の基礎データや市場調査によるマーケティング関連のデータ．
ログデータ	計算機システムやアプリケーションの動作確認のため，自動的に収集・蓄積されるデータ．特にインターネットを通じて，システムやアプリを利用するユーザの行動に関する履歴など．
実験データ	実験を通じて得られるデータ．実験装置に高精度のセンサをつけることで現在は大量のデータが得られる．
観測データ	観測を通じて得られるデータ．観測機器に高精度のセンサをつけることで現在は大量のデータが得られる．天体望遠鏡による天体観測データ，気象衛星からの観測データ，地震観測網による地震波形データなど．

2.3 社会で活用されているデータ

の結果の信頼性は統計学で古くから調べられてきた。

現在では，Webサイト上で回答してもらう形式のアンケートも増えてきた。その場合，匿名での回答が可能であるため，内容の正確性やなりすましなどの問題もある。また，適切な標本調査になっていない，つまり，回答者の属性が特定の人に偏っている（バイアス）問題も生じる（バイアスは5.7節参照）。調査データを分析して活用する場合には常に，こうした調査方法の信頼性に注意を払う必要がある。

b. ログデータ

ログデータは，本来は計算機システムやアプリケーションの動作確認のために，自動的に動作内容を記録，蓄積したものを指す。現在では，主に，ユーザがインターネット上のサービスを利用した際に，各ユーザの具体的な操作や出来事の痕跡を詳細に残したものを指すことが多い。例えばWebサイトにアクセスしたとき，どのような端末（PCやスマホなど）を使用して，どのページを閲覧したか，どのリンクをクリックしたのかなどが記録として残る。これらは**アクセスログ**と呼ばれる。SNSを利用する場合は，さらに，投稿内容や，「いいね」，コメントなどもすべてログとして記録が残っている。これらはターゲティング広告などに利用される。

多くの人々が普段からスマホを持ち歩いているため，**人の行動ログ**も収集されている。スマホは電波を正しく受信するために，位置情報を常時，携帯基地局に送信しており，各ユーザの所在や移動記録が収集されている。各時間，どのエリアに何人の人がいたのか，といったデータは，企業や地方自治体にとって価値が高いため個人が特定されない形で販売されている。

人間ではなくモノから収集されるデータも重要である。自動車や機械，各種設備のログなども大量に収集され，利活用が進んでいる。例えば，ショベルカーなどの重機の稼働ログを世界中からリアルタイムで収集し，故障の予兆を検出するといったことが既に行われている。

c. 実験データ

ここでの実験データは主に理工系の再現性の高い実験を指す。従来は測定機材を利用して，人間が測定値を読み取り記録してきたものである。現在は，高精度のセンサーを利用することで，測定値を自動で電子データとして記録することが多い。その場合，高速で大量のデータを蓄積することができる。これらは構造化データとして整理できるが，表形式であれば行や列が数万以上になることもある。小規模データを前提とした分析手法では不十分であり，ビッグデータを前提とした分析手法が必要になってくる。

d. 観測データ

ここでの観測データは，実験データと同様，高精度のセンサーを用いることで，膨大な量のデータが毎日，蓄積しているような天体望遠鏡や気象衛星の観測データなどを想定している。動画像のように非構造化データとして分析すべきデータも増えてきた。

2.3.2 構造化データと非構造化データ

データは，データ構造に着目すると，**構造化データ**と**非構造化データ**に大きく分かれる。

a. 構造化データ

ある特定の目的のために収集し，並べ方や項目名などをそろえたものが**構造化データ**である。行と列を含む2次元のデータまたは表形式に変換可能なデータであり，コンピュータが処理しやすいよう，事前にデータの加工や処理がなされている（図 2.3 の左）。

構造化データは，事前に定義されたフォーマット（データモデルまたはスキーマ）に準拠しており，**CSV** (Comma Separated Values) ファイルや Excel スプレッドシート，**データベース** などに格納される。データベースとは，大量のデータを一定の規則に従って整理・保管し，必要な時に即座にデータを提供できるようにまとめられたデータの集まりや，その仕組みを提供するシステムを指す。データベースのモデルの一つであり，実際に運用されているデータベースでよく使われているものは，リレーショナルデータベース（Relational Database，以下「RDB」という）である。RDB は"リレーション"と呼ぶ2次元の表のような構造でデータを管理する。また，データの操作や定義には，主に SQL (Structured Query Language) というデータベース言語を用いる。

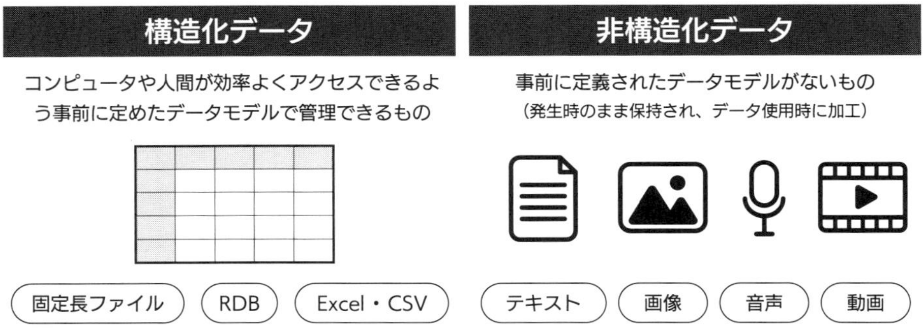

図 2.3 構造化データと非構造化データ

b. 非構造化データ

文書（テキスト），画像，音声，音楽，動画など，事前に定義されたデータモデルがないものが**非構造化データ**である（図2.3の右）。非構造化データは発生時のまま保持され，データ使用時に特定のフォーマットに収まるように事前処理が必要となる。非構造化データから目的に対して有用な情報を取り出すためのアルゴリズムが，各分野によって開発されてきた。例えば，画像では画像処理アルゴリズムとして，境界を検出するエッジ検出や特定の物体を検出する特徴点・特徴量マッチングなどが広く用いられてきた。現代ではAI技術の発展に伴い，非構造化データを直接AIに学習させ，目的のタスクを達成するような利用が実現している。各分野で既存のアルゴリズムの性能を上回るAIが登場しており，人間が設計したアルゴリズムからAI中心でのデータ処理に移行するまさに過渡期となっている。

画像データの利活用

非構造化データは，同じ種類のデータ（例えば画像）を大量に準備し，適切な事前処理をすることで，AIに学習させるためのデータセットにできる。事前処理は，解決したいタスクの内容に応じて決定される。

画像認識は大きく二段階ある。単一のものしか写っていない場合は問題ないが，複数ある場合は**物体検出**が必要である。物体検出とは，画像の中に写っているもの（オブジェクト）を見つけ出す技術である。例えば，図2.4は，左の画像に画像セグメンテーションのためのモデルを適用した結果を右に示している[*1]。画像セグメンテーションとは，画像中の領域を物体（あるいは種類）境界に沿って塗り分ける画像認識技術のことである。ただし近年の物体検出手法の多くは，物体検出とその物体の種類の認識（スプーンであるかの

図 2.4 物体検出の例

[*1] Kirillov, A., Mintun, E., Ravi, N., Mao, H., Rolland, C., Gustafson, L., ... & Girshick, R. (2023). Segment anything. *In Proceedings of the IEEE/CVF International Conference on Computer Vision* (pp. 4015-4026).

判定など）も同時に行うことが一般的である．ここでは説明の都合，物体検出の後にその種類の認識を行う手続きを想定する．

画像認識を行うためには，判定したいオブジェクトの情報（画像内のピクセルの位置や色情報など）と正解ラベルやタグが必要で，こうしたラベルやタグをつける作業を**ラベル付け**，**タグ付け**，もしくは**アノテーション**と呼ぶ．画像アノテーションは，単一の物しか写っていない画像にはその画像に対して，複数のオブジェクトが写っている場合には，画像上の特定のオブジェクトを矩形や多角形，セグメンテーションで指定し，ラベルを付ける．アノテーションが終わったものが AI 学習用のデータセットである（2.2 節参照）．

最近の深層ニューラルネットワークなどの学習モデルでは数百万枚の画像データを利用する．各画像に正解のラベルをつける作業自体も簡単ではない．また，ラベルには単に「イヌ」だけでなく「哺乳類」など追加の情報を含める場合もある．そのため，通常は ImageNet などの標準的な画像データセットを利用する．応用では，用途に応じて追加のデータセットを準備して転移学習 (2.7.2 項) を行う．

テキストデータの利活用

続いて，非構造化データの例としてテキストデータについて説明する．テキストデータは自然言語処理によって単語やフレーズに分けて用いることが多い．ここで人が読み書きする言語を**自然言語**と呼び，プログラミング言語などの**人工言語**と区別する．

テキストデータは，画像と同様，AI に学習させる場合もあるし，構造化データとして分析する場合もある．例えば，アンケート調査での自由記述の回答は，単語やフレーズの出現頻度を数えることで構造化データにして分析する．計量文献学では，例えばシェイクスピアの作品（テキストデータ）と同時代の他の著者の作品を AI に学習させて，著者不明の文章に対して，シェイクスピアが書いたかどうかを判定させる．

テキストデータを用いた身近な応用例としては自動翻訳が挙げられる．**自動翻訳**とは，ブラウザやアプリ上で文章を入力することで指定された別言語の文章に翻訳してくれるサービスである．画像認識と同様，深層学習を利用することで，急速に性能が向上した例でもあり，私たちの外国語学習（特に英語）の意義やあり方まで変えてしまう勢いである．こうした自動翻訳サービスは，大量の翻訳済みのテキストデータを AI に学習させることで実現している．例えば，日英の翻訳なら（日本語の文章，英語の文章）というペアを大量に用意し，文章（テキストデータ）を単語やフレーズに分けて深層学習を行う．既に人間が翻訳した文章のペアとして，映画の字幕，国際会議の議事録，書籍の翻訳などが学習に利用される．学習が終わった AI に新しい日本語の文章を入力すると，その文章に最も適した英語の翻訳を生成する．

2.3.3 データの所有権

上で説明したデータは，政府や大学などの研究機関が保持するケースもあるが，しばしば大企業が自社内で保持することが多い。そのため，表に公開されず自社の利益のために利用されることが多い。

データの所有権については 1 次データ，2 次データ，3 次データといった呼び方がある。企業が自社の業務のために集めたデータや，研究開発・調査を目的として集めたデータを **1 次データ**と呼ぶ。これらは公開されないことが多い。他企業からみると，これらのデータは外部にあるため **2 次データ**と呼ばれる。こうしたデータは部分的に公開される，ある

図 2.5　スマートフォンで撮影した写真のメタデータの例

コラム：オープンデータ

オープンデータとは，誰でも自由にアクセス，利用，編集，共有できるデータのことである。特に，新型コロナウイルス感染症（COVID-19）パンデミック時にデータ共有が加速した。ジョンズ・ホプキンス大学のシステム科学工学センターの Lauren Gardner 氏の率いるチームは，世界各国の発表する感染状況を Web ページで発表した。また，世界保健機関（The World Health Organization）や各国政府，大学，民間機関が，感染状況やワクチン接種データをリアルタイムで公開した。その結果，政府や研究者，市民が同じデータをもとに意思決定を行うことで，パンデミック対策が迅速化した。現在，世界中で多くの政府や地方自治体がオープンデータポータルを拡充している。例えば，日本の「e-Gov データポータル」や EU の「European Data Portal」などがある。これにより，公共データの透明性が向上し，市民が行政活動に参加しやすくなった。データを活用した市民サービスや新規ビジネス（スマートシティ，モビリティサービスなど）が生まれている。

いは販売されることが多い．こうしたデータを加工し，ユーザにとって使いやすくしたデータが **3次データ** と呼ばれる．

本来のデータではないが，データに付属するメタデータも重要である．ここで，**メタデータ** とは，いつ，誰が，いかにして作成したのか，データが得られた状況について説明したデータのことである．特に非構造化データは，作成された時に自動で生成されることが多い．例えば，デジタルカメラで撮影した写真（画像データ）には，通常，撮影日時などの情報も含まれていることが多いが，これらがメタデータである．スマートフォンで撮影した画像を PC にコピーするとメタデータもそのままコピーされる．図 2.5 のように PC などから容易に確認できるが，場合によっては個人を特定する情報も含まれていることに注意する．そのため，必要に応じて，削除したり，修正することも可能になっている．

2.4 データ・AI の活用領域

データサイエンスや AI は様々な領域・産業において応用され始めている．応用事例は非常に多岐にわたるため，以下では領域および活用目的という切り口でいくつか紹介していく．

2.4.1 様々な領域に広がるデータ・AI の利活用

これまではデータの活用とは無縁だった領域・産業でもデータ・AI の利活用が進んでいる．例えば，農業では，作物を収穫した後，通常，品質やサイズなどの基準で選別を行っている．昔は，すべて人間がやってきたが，現在はかなり自動化が進んでいる．例えば，画像認識を用いることでトマトの画像から色や形状，サイズを判断し品質を評価する．正常なトマトと病気や損傷のあるトマトを自動で判別することも可能である．

流通業では，商品や材料を効率的に届けるためのルートやスケジュールを決定する配送計画の立案で，データ・AI の利活用が進んでいる．過去の配送データ，天候情報，交通状況などを収集し分析することで，コスト削減や配送時間の短縮を図ることができる．また，最短ルートや最適なスケジュールの導出にも AI が使われている．

スポーツでは，例えばサッカーの試合で審判の判定を補助するために **ビデオアシスタントレフェリー（VAR）** が導入されている．これは試合中の重要な場面をビデオで確認し，審判の判定をサポートするシステムである．試合中，複数のカメラでフィールドの各方向からビデオを撮影し，これらの映像をリアルタイムで分析する．そして，AI がオフサイド，ファウルの判定などを行う．これまでは審判（人間）が行ってきたものが，より高速で正確にできるようになった．

2.4.2 活用目的による分類

データ・AI の「活用目的」という切り口では大まかに，仮説検証，知識発見，原因究明，計画策定，判断支援，活動代替，新規生成に分けることができる．仮説検証や知識発見，原因究明はデータ分析としては古くから行われてきた．また，行政の判断支援にもデータ分析の結果が使われてきた．最近では，大規模なデータを分析したり，文書や画像・動画のような非構造化データを処理して利用するといったことも行われている．また，AI の性能が上がったことにより，AI が計画策定や活動代替に使われたり，生成 AI による新規生成も普及してきた．以下，それぞれについて詳しくみていこう．

仮説検証は，研究開発であれば，仮説が正しいかどうか実験データを分析して仮説を検証することである．最近では，新素材や創薬の開発において，過去の実験による膨大なデータから学習した AI がどのような組み合わせが有望であるか予測を行っている．これらを仮説として実際にプロトタイプ（試作品）を作ることで検証する．

他にも，マーケティングでは，広告や宣伝の効果や見込みに対する仮説があり，それらを検証することが頻繁に行われている．例えば皆さんは「このメールが届いた方限定」といったキャンペーンの告知を受け取ったことはないだろうか．特定の属性を持ったユーザ（例えば，6 か月以内に商品を購入して，その後，購入していないユーザ）に対してメールを送り，受信者の何 % が反応しているのかといったデータも分析している．

知識発見は，文字通り，企業活動において有益な知識の発見にデータ・AI を活用するものである．例えばネット販売やアプリ利用を通じて顧客のデータを収集し，顧客の行動パターンや購買パターンなどを分析する．その他にもコールセンターや SNS などを通じて集めた顧客の声を分析することで，新たなニーズや商品・サービスに対する改善点を発見している．

原因究明は，知識発見の一種とも見ることができるが大きな変化や異常がみられる場合に，データの中からその原因を探ることなどを指す．例えば，工場生産での不良品が発生する原因などが挙げられる．サブスクリプションや定期購入の解約では，私たちは，アンケート形式で解約理由を答えたり，コールセンターでオペレーターと話すことが多い．これらのデータは解約につながる要因の分析に使われている．

判断支援は，ビジネスや行政における意思決定を支援することを指す．例えば，流通業では，新規店舗出店や既存店舗の再構成の判断に，各地域のデータや店舗の売上，競合店舗に関するデータなどの分析結果を利用する．医療であれば，AI が画像認識を用いて，病巣・病変の可能性が高い所をピックアップすることで専門医の判断を支援する．公共であれば，河川水位や土砂災害の予測などを提示して，避難誘導の判断に活用している．身近な例としては，クレジットカードや SNS の不正利用の検出が挙げられる．AI が普段の正常な利用の仕方を学習することで，異常な利用の仕方（短時間で普段買わない多額のギ

フトカードを購入するなど）を検知する。

計画策定は，一般には企業や行政の中長期的な計画の策定を指す。仮説検証や知識発見，原因究明の結果などを踏まえて統合する。また，製造業での工場の設備稼働に関する計画や，流通業における従業員配置・シフト管理なども計画策定の一種である。中長期的な計画ではないが，交通状況や需要の予測などを踏まえた配送ルートの最適化も計画策定の一種である。規模が大きい場合はデータ・AIの利活用が必須になっている。皆さんの身近なところでいえば，交通検索サイトや地図アプリを利用して旅行計画を立てるのも計画策定と言える。

活動代替は，これまで人間が手作業でやっていたことを自動化したり，ロボットに任せることを指す。有名なものとしては，自動運転やAmazonGoのような無人店舗である。製造業では，工場のラインで人間の目視による検品をAIを用いた画像認識で代替するケースがある。めんどうな組み立て作業もロボットが高速で行うようになってきた (2.7.2項の「強化学習」も参照)。また，Webサイトなどで簡単な質問に答えてくれるチャットボットなどの利用も進んでいる。これは，よくある質問事項と回答のデータを学習させている。皆さんの身近なところでいえば，自動で設定されていて気づきにくいが迷惑メールフィルタが挙げられる。これは古くからあるデータ・AI利活用の例である。

新規生成は，データとAIを活用することで，新たなデータを生成することであるが，具体的には，文章，文学作品，イラスト，画像，動画の生成があげられる。おもに非構造化データを用いて機械学習を行った生成AIが使われる。

2.4.3 スマート家電でのデータ・AI利活用

本節のまとめとして，家電メーカーがスマート家電を通じて，どのようにデータ・AIの利活用を行っているか見てみよう。**スマート家電**とは，IoT家電ともよばれるが，家電製品(冷蔵庫，お掃除ロボット，洗濯機，テレビなど)にセンサーとソフトウエアが搭載されインターネットとつながったものである。専用アプリなどを通じてスマートフォンからも操作できることが多い。音声認識を用いて，音声で操作できるスマートスピーカーは特に有名である。

スマート家電では稼働ログを定期的に収集できるため，家電メーカーは，それらに基づいたサービスをユーザに提供できる。AIは過去のデータから正常動作のパターンを学習し，収集された稼働ログからリアルタイムで異常検知を行う。そして，何らかの異常が見つかった場合，該当するユーザに通知する。また，ユーザの使用状況を把握しメンテナンスの必要性を予測，必要に応じてユーザに通知する。

また，家電メーカーは収集した大量のデータを分析することで，実際に販売した製品のリアルな使用状況を把握できる。よく使われている機能や使われていない機能などと合わ

せて，製品の機能向上に役立つ知識発見や仮説検証ができる．また，故障直前の稼働ログを分析することで故障の原因を調べ対策を立てることもできる（原因究明）．

それでは，ネットワークにつながっていない従来の家電製品はどうだろうか．比較のために考えてみよう．まず，家電製品自体がユーザの利用の仕方に応じて，アドバイスや警告を与えることはできない．事前に設計されたプログラムによって，特定の操作（間違った操作や危険な操作）に対して，動作を停止したり，警告音を鳴らすくらいである．また，実際に購入された家電製品の利用状況を知るのが難しい．

スマート家電の登場は，家電メーカーの製品開発やアフターサービスのあり方に変革をもたらしうる．スマート家電を利用している私たち自身は，ちょっと便利になったと思うだけかもしれない．しかし，個々のユーザから収集・蓄積しているビッグデータは，製品開発からカスタマーサービスまで非常に有益な情報をもたらすデータである．

2.5 データ・AI利活用のための技術

本節の前半では基本的なデータ分析として，分類（グルーピング・クラスタリング），関係性の発見，予測をみていく[*2]．また，後半ではグラフ構造の可視化について説明する．

以下で紹介するデータ分析は，数値を用いて精密かつ客観的に行われているが，素朴なレベルでは私たちが日常，行っていることと同じである．基本的な考え方は，次のように容易に理解できるものである．

例えば，ある会社員が，お昼休みに近くの中華屋さんに行くとき，どれくらい混んでいるだろうかと考える．これは過去のデータからの予測である．また，そのお店で初めて食べるラーメンが真っ赤なスープだと，かなり辛そうと考えるかもしれない．これは過去のデータ（ラーメンの見た目と味）からの傾向の発見（関係性の発見）である．そして，ラーメンとセットの餃子が同時に出されたとき，餃子を正しく判別できる．これは，様々な食べ物を見て（画像認識），学習してきた結果でありデータの分類の一種である．

2.5.1 データ分析：グルーピング

グルーピングとはデータを何らかの基準やルールに沿って複数のグループに分けることである．例えば，ある大学生が夏休みに学食やコンビニを利用したときのお昼代を記録したとしよう．図2.6のように元のデータを複数に分割することがグルーピングである．ここでは構造化データのグルーピングに注目する．その場合，質的データを用いて分けることを**層別**という．

適切に複数のグループに分けることで，注目しているデータのふるまいやばらつきが理

[*2] 一部はExcelを用いた演習として5章で詳しく取り扱う．データの基本的な用語は5.2節も参照のこと．

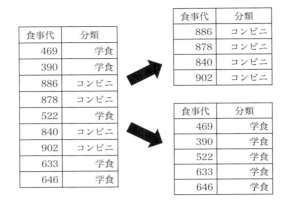

図 2.6 とある大学生の昼食代の分布 [円]

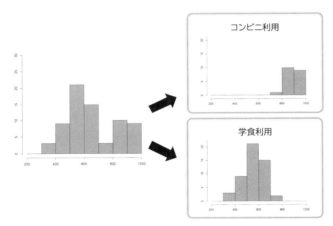

図 2.7 ヒストグラムの層別による分離

解しやすくなる。例えば，図 2.6 の左側について分類ラベルを無視して昼食代のヒストグラムを描くと図 2.7 の左側のようになる。階級幅は 100 円と設定しており，大きめの幅であるが 2 つのピークが見える。分類しない場合は昼食代の分布を見ると 500 円程度と 800 円程度が多いという考察で終わる。しかし，コンビニ利用と学食利用の 2 つにグループ分けしてから，それぞれについてヒストグラムを描くと図 2.7 の右側のようになる（わかりやすいように階級幅はともに 100 円で固定している）。そうすると，学食利用時の昼食代は 500 円前後だがばらつきが大きく，コンビニ利用時は 900 円〜1000 円くらいかかるがばらつき自体は学食に比べると小さいといったことがわかる。

サンプルサイズが大きい多変量データでは特にグルーピングは有効である。多変量デー

2.5 データ・AI 利活用のための技術

タは 1 変量データに比べて全体の様相がつかみにくい。適切な方法でデータを複数グループに分け各グループの代表的なデータを持ってくることで各グループの特徴，性質をよりよく理解できる。また，個々のグループも分析しやすくなる。

ところで，こうしたグルーピングも私たちが普段から無意識のうちに行っているデータ分析のひとつである。私たちは学校や職場などで新しい人と出会ったとき，見た目，第一印象などで，この人はこういうタイプの人だと分類しがちである。その際，私たちの過去の経験などから分類している。画像や音声といった非構造化データを AI が分類するやり方は，これに似ている。一方で，血液型や星座で分類しているのは 1 変量データでの分類に相当する。

構造化データのグルーピングでは，分けるべきグループがある程度決まっている場合と決まっていない場合がある。前者は分類のラベルを表す質的データをそのまま用いたり，統合するケースである。量的データを階級に分ける場合も順序データ（質的データ）であるから，このケースに帰着する。後者は，主に複数の量的データに注目して，データ間の近さを用いてグループ分けする。

まず，分けるべきグループがある程度決まっている場合のグルーピングを考えてみる。図 2.8 の左側は，データサイエンス無料セミナー（架空）の受講者リストの抜粋である。受講申し込み時にデータサイエンスに対する興味や受講目的などのアンケートも行っているが，年齢，性別，職業のみを抽出した 3 変量データである。

セミナー受講者はどういう人たちだろうか。年齢は細かすぎるし，職業も自由記述で記入してもらったため，そろっていない。そこで，データ全体を眺めて，例えば，教員，企業，学生の 3 つのグループに分けることができたとしよう（図 2.8 右側）。

これにより，以下のような層がいるという答えが得られる。

・データサイエンス教育に携わっている教育関係者
・企業・研究所に勤務していて，データサイエンスの必要性を感じている人たち
・データサイエンスに興味がある学生

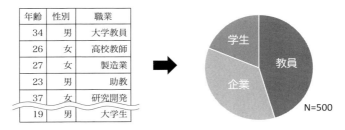

図 2.8　セミナー受講者リストとグルーピング

これは「おそらく，こういう人たちが受講するだろう」という主観的な推測ではなくデータのみからグループ分けして得られた客観的な分析結果に基づいた答えである（もちろん，上の答えには多くの憶測が入っているため，アンケートの分析をしたり，実際に受講者と話してみるなどの調査も必要であろう）。なお，受講者データを詳しく分析する場合，意図しないバイアスにも注意すること (5.7 節で詳しく学ぶ)。

2.5.2 データ分析：クラスタリング

次に，あらかじめグループの分類が定まっていないケースを考えてみる。わかりやすいように 2 変量データで散布図を用いて説明しよう。図 2.9 の左側は，架空の地域の市町村の人口 (横軸) と人口当たりの犯罪発生件数 (縦軸) の散布図である。各点が市町村を表している。このデータのみで考える場合，散布図上の近い点を似ていると考えて，似ている市町村同士をグループに分けることができる。これを**クラスタリング**と呼ぶ。クラスターとは英語で房を意味する。

さて，図 2.9 の右側のように各市町村を 3 つのグループ A，B，C に分けたとする。解釈としては，グループ A は人口が多い割に犯罪の発生件数が少ない（治安がよい），グループ B は人口が少ない分犯罪発生件数も少ないが，グループ A よりは治安がよくない。グループ C は人口が少ない割に犯罪発生件数が多い（治安があまりよくない）となる。この場合，図 2.10 に示したように，元の 2 変量データに対し，A，B，C という新たな名義尺度が付与されて 3 変量データが生成している。こうすることで，市町村全体ではなく，各グループごとに，それぞれのグループの特徴に応じて行政施策を検討できる。

このグルーピングは 2 次元平面上の近さ，つまり，距離を用いて，近い＝似ているデータと考えてグループを作った。多変量データの場合も距離を考えることで，視覚的には表現できないが同様のクラスタリングが可能である。

クラスタリングの方法には k-平均法をはじめとした様々な方法が知られている。多変量データでも，あらかじめグループの数および距離の定義を指定しておけば，プログラム

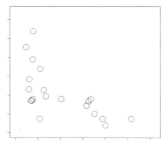 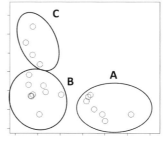

図 2.9 散布図とクラスタリングのイメージ

2.5 データ・AI 利活用のための技術

人口	発生件数(100人あたり)
7869	10.76
4712	9.08
11039	6.77
6175	5.65
20449	3.56
7929	3.56
38934	1.48
51723	1.48
40059	0.77

→

人口	発生件数(100人あたり)	グループ
7869	10.76	C
4712	9.08	C
11039	6.77	C
6175	5.65	B
20449	3.56	B
7929	3.56	B
38934	1.48	A
51723	1.48	A
40059	0.77	A

図 2.10 グルーピングによって1変量が追加されるイメージ

を利用して容易にクラスタリングが可能である。非構造化データの場合も同様である。ただし，分析目的に応じてどのような距離を定義するのが望ましいかといった問題があり，このテーマに関しては多くの研究が行われている。

あらかじめ質的データによってラベル付けされているグルーピングと違い，クラスタリングの場合にはグループの数や距離の定義により，分け方に分析者の恣意性が入ってくる。また，分析の目的によって望ましいクラスタリングの仕方も違ってくるため，クラスタリングに絶対的な正解はないことに注意する。

2.5.3 データ分析：関係性の発見

次にデータから関係性を発見するための技術についてみていこう。

大規模なデータを取り扱う場合には，何らかの解釈ができる傾向を見つけることも重要である。すでにわかっていることであれば，データから定量的に確認できたことになり，そうでない場合は新たな発見であろう。何らかの関連性を見つけることを目的とした分析には相関分析やアソシエーション分析などが知られている。

2つのデータ（例えば，あるクラスの英語の点数と数学の点数）の関連性を調べることを**相関分析**とよぶ。統計学では古くから扱われている基本的な分析である反面，偽相関や因果関係と見誤るなど注意すべき点も多い。第5章で詳しく取り扱う。

アソシエーション分析はデータの中から「この商品を買った人は，あの商品も買う可能性が高い」というような項目間の関連性を見つけ出す手法である。一般には，購買履歴やWebサイトの閲覧履歴のような大量のデータからパターンを見つけるために使われる。歴史的に有名な例はスーパーでの「おむつを買った人はビールも一緒に買うことが多い」というパターンの発見である。以下では，アソシエーション分析，特に，購買データから

頻出パターンを発見する**バスケット分析**について詳しくみていく。

アソシエーション分析は，ビジネスやマーケティングの分野で特に役立つ。キャンペーンや販売戦略などを考える上でも重要であるが，皆さんの身近な所では商品の陳列やWebサイトのレコメンデーションに使われている。例えば「おむつとビール」のように，過去の販売履歴データから，商品 A を買う顧客は，一見，何の関係もなさそうな商品 B もよく買っているという傾向が発見できたとしよう。この場合，商品 A と商品 B を近くに陳列することで両者の売り上げが伸びるかもしれない。

バスケット分析は，1回の購入に際し，購入品目間の関連性に注目したアソシエーション分析である。例えば衣料品のネット販売でパーカー（黒・白）と半そで（黒・白）の4種類が販売されているとしよう。サイズのバリエーションや1回の購入での購入数は見ないことにし，購入データは表 2.2 のようになったとする。表において 0 は購入なし，1 は 1点以上購入を表している。集計することで，例えば，パーカー（黒）と半そで（黒）は一緒に買うことが多い，パーカーは1種類だが半そでは2色買う人もいる，といった傾向をつかむことができる。

バスケット分析では 3 つ以上の商品の相関を考えることもできる。その場合，例えば，パーカー（黒），半そで（黒），半そで（白）の 3 つを同時に買う人が多い，といった傾向を発見することもある。商品の品目数が増えると可能なパターンの数は急激に増える。表 2.2 は 4 品目であるがすべてのパターンは $2^4 = 16$ 通りである。実際には数百品目以上あるかもしれない。1 つのパターンについての集計はコンピュータ上で一瞬で終わるにしても，すべての可能なパターンについて集計するのは現実的ではない。そのため，様々なアルゴリズムや近似解法も研究されている。

バスケット分析では，2 つの項目（商品 A と商品 B の購入など）の関連性に注目することが多いが，結果の解釈には注意が必要である。まず，同時購入の割合が多いといっても直接的な関連性を示しているわけではない。例えば，スーパーの購入履歴で水と米を同時に購入する割合が高いことがわかったとしよう。しかし，水も米も多くの人が普段からよ

表 2.2 購入商品のデータ例

取引 ID	パーカー（黒）	パーカー（白）	半そで（黒）	半そで（白）
0612	1	0	1	0
0613	1	0	1	1
0614	0	1	0	1
0615	0	1	1	1
0616	1	0	1	0
⋮	⋮	⋮	⋮	⋮

2.5 データ・AI 利活用のための技術

く購入する商品というだけかもしれない。また，関係性が非対称である場合もあり得る。例えば，カツオのたたきを購入した客が，ついでにチューブ入りのショウガも高い割合で購入していることを分析によって発見したとしよう。しかし，チューブ入りのショウガを購入した客が高い割合でカツオのたたきを購入しているとは限らない。

2.5.4 データ分析：予測

予測とは，過去のデータをもとに未来の出来事や傾向を推測することである。身近な例としては天気予報，株価の変動，わが国の将来の高齢者人口，といったものが挙げられる。天気予報であれば，過去の気象データや雲の動きのシミュレーションなどを用いて直近，数日間の天気，降水確率などを提示する。日本の GDP や高齢者人口などはかなり長期的な予測を行っている。

過去の推移はあまり関係がない予測もある。例えば，毎月数回，無料セミナーを開催していて，次回のセミナーでの申し込み人数を予測したい場合などである。この場合は，過去のセミナーの申し込み人数とそれに影響を与える要因などを分析して予測する。

以下では，観測している量が時間とともに変化していくデータ（時系列データ）から，将来の推移を予測することについて説明する。このような予測の場合，大きく分けて 2 つの考え方がある。1 つは過去の推移から何らかの法則性を仮定して予測するもの，もう 1 つは，既に結果が観測できた似ているデータを複数集めて予測するものである。

1 つ目の例として，架空の伝染病の感染者数の推移（図 2.11）を考えよう。横軸は週であり，縦軸は新規感染者数である。時間的な推移から今後の新規感染者数の増大を予測することを考える。今後も同じ傾向で直線的に増えると仮定すれば，直線（1 次式）を引いて 6 週目以降の新規感染者数を予測することができる。問題によっては，指数関数など 1 次式では記述できない関数を考えて予測することもある（5.5.3 項で詳しく説明する）。

2 つ目は似ているデータを用いる方法である。例えば，発展途上国 A の今後の経済成長

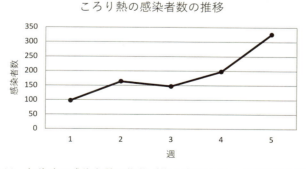

図 2.11 伝染病の感染者数の推移（第 5 章では Excel で予測を行う）

を予測する場合，これまでの発展途上国の経済成長のうち，A 国と似たような国についての経済成長のデータを集めて予測を行う。この場合は，似ている，似ていないをどのように決めるかも考える必要がある。

重要なことは，どちらも過去のデータや法則性，仮定を用いて，何らかの**予測モデル**を作成している点である。予測モデルは，さらに確率モデルを導入することで，予測の確からしさも同時にモデル化することも一般的である。自ら予測モデルを作成して分析したり，評価するためには微分積分などの数学の素養が必要になる。

物理実験などの特殊な状況を除くと高精度で将来の値を予測することは難しいが，それでも実社会では古くから様々に予測が活用されてきた。将来の値の動く範囲がわかるだけでも有益な情報が得られることが多い。例えば，台風の進路を予測する場合は予報円を用いるし雨が降るか降らないか，地震が発生するかしないかといった場合は，確率を用いて予測する。

人間行動の予測も正確に予測するのは難しいが，ある程度，絞り込むことで役立つ応用が可能になる。例えば，文章を入力する際の予測変換やレコメンデーション (2.7.1 項) などに使われている。

2.5.5 データ可視化：グラフ構造のデータ

構造化データの可視化は第 5 章で取り扱う。ここでは第 5 章で扱わない関係性のデータと可視化について詳しくみていこう。

世の中には様々な関係性があり，それらもまた大量に集めることで価値を持つデータとなる。私たちの身近な所では人間と人間同士の知り合い関係がある。関係の中身にまで踏み込まなければ，SNS 上のお互いのアカウントの相互フォローという形でデータを集めることができる。また，鉄道網も，物理的な距離や空間上の位置関係を無視すれば，隣り合っている駅かどうかで駅同士の関係性のデータを集めることができる。大学での授業履修では，学生たちと開講科目の関係性がある。この場合，A 君は，授業 a，授業 b を履修しており，B さんは，授業 a，授業 c を履修しているといった関係性のデータを集めることができる。

このような「関係性」はしばしばビッグデータとして収集できるが明らかに通常の構造化データとは異なる特徴を持つ。それでは，どのように整理したり，可視化すればいいのだろうか。ここでは映画俳優の共演関係を例にして考えてみよう。

今，4 人の俳優 Alan, Betty, Cathey, Damian の映画ごとの出演情報が次のように与えられていたとしよう。

2.5 データ・AI利活用のための技術

映画1　Alan, Cathey
映画2　Alan, Cathey, Betty
映画3　Betty, Alan
映画4　Damian, Alan

以下では各俳優の頭文字をとってA, B, C, Dで表し，共演関係をデータとして整理してみよう．関係性を論ずる場合，2人の共演のみを考えることが多いため，表2.3のようにまとめるのが便利である．

変数としては$d_{AB} = d_{BA} = 1$, $d_{BD} = d_{DB} = 0$のように表記する（1回以上の共演はすべて1と表記）．また，表2.3の対角線部分も便宜上，0としている．線形代数学では横にm, 縦にn, 数を並べたものをn行m列の**行列**（$n \times m$の行列）と呼ぶ．表2.3は，0,1を並べた4×4の行列を表している．グラフ理論では，このような行列を**隣接行列**と呼ぶ．

今，注目している関係性はすべて表2.3のデータ（隣接行列）に含まれている．このデータの可視化は，図2.12のようなネットワークによる表現である．ここでA, B, C, Dの点は**節点**（node, ノード）と呼ばれ，節点を結ぶ線分は**辺**（edge, エッジ）と呼ばれる．図2.12のような節点とそれらを結ぶ辺による図形を**ネットワーク**（network）と呼ぶ（数学的には**グラフ**と呼び，ネットワークの様々な性質に関する理論は**グラフ理論**と呼ぶ）．また，図2.12のようなネットワークは，関係性に関するすべてのデータを保持しておりネットワークが与えられれば逆に表2.3の隣接行列を得ることもできる．

表 2.3 共演関係の隣接行列による表示

	A	B	C	D
A	0	1	1	1
B	1	0	1	0
C	1	1	0	0
D	1	0	0	0

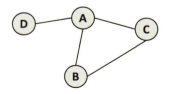

図 2.12 共演関係のネットワーク（グラフ）表現

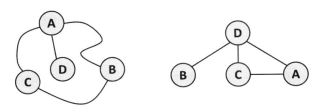

図 2.13 同型なネットワーク（グラフ）の例

ネットワークで表現する場合，節点の間に線分を引くことが多いが節点同士の結びつきが重要なので，曲線でも構わない。例えば，図 2.13 の左側のネットワークは，図 2.12 と見た目は違うが同じネットワークである。また，ネットワーク全体の構造を見る場合は，節点のラベルも便宜的なものと考えラベルを記載しない。言い換えると，これはラベルを付け替えることで一致するネットワークは同じものと考える。グラフ理論では互いに**同型なグラフ**であるという。例えば図 2.13 の右側のネットワークはラベルを付け替えることで，図 2.13 の左側と同じになるから互いに同型なネットワークである。

ネットワークにおいて，節点がいくつの辺とつながっているか（**次数**と呼ぶ。）は重要である。図 2.12 の場合，節点 A の次数は 3 であるが，これは，表 2.3（隣接行列）において A の行にある数値の和と一致する。

次数が多い節点，つまり，たくさんの節点とつながっている節点は**ハブ**（Hub）と呼ばれ重要であると考えられる。例えば，ある地域の鉄道網のネットワーク（各駅を節点とし，隣同士の駅を辺で結んだグラフ）であれば，ハブは文字通り，交通のハブでありその地域の中心部であることが多い。実社会のコミュニティ（例えばサークルなど）であれば，顔が広いと言われる人が，このハブに相当する。

ここではネットワークに関する基本的な用語のみを紹介したが，他にも節点から自分自身に戻る辺や，辺の向きや重みまで含めたネットワークを考えることもできる。

2.6 データ・AI 利活用の現場

2.4 節ではデータ・AI の利活用について，多くの事例を紹介してきた。データの利活用に注目すると，データ分析では分析結果を出す所で終わるように見えるかもしれない。しかし，実際に企業や行政でデータ分析が行われる現場では，最後に分析結果を踏まえた意思決定が行われる。

2.6.1 意思決定とデータ分析

意思決定とは，何かを選ぶ，または行動するために判断を下すことを指す。私たちの普

段の生活も意思決定の連続である。例えば，普段の食事について，何時に，どこで，何を食べるのかといったことは毎日，無意識のうちに決めているはずであるがこれはもっとも身近な意思決定の例である。

企業や行政における意思決定では，将来に大きな影響を及ぼす重要な意思決定が多い。その場合，経営者や首長が単独で判断するにせよ，会議で決めるにせよ，選択肢を選ぶ際には慎重になる。私たちも，就職先の選択，高額商品の購入，交際相手との結婚などは，慎重になるのではないだろうか。これらは重要な意思決定の例である。

重要な意思決定の場面で，データを適切に収集・分析することができれば感情や思い込みに左右されず，より客観的で合理的な決定ができる。これがデータ分析が意思決定にもたらす価値である。

企業・行政におけるデータ分析は，分析結果が意思決定に使われて初めて価値をもつ。分析そのものが目的ではない。そのため，皆さんが誰かの指示によって，あるいは自分から主体的にデータ分析を行う場合，最終的な目標は意思決定につなげることである。企業・行政におけるデータ分析は，単に知的好奇心を満たしたり，データサイエンスの実践的な学習のために行われるものではない。

2.6.2 意思決定を支援する3種類のデータ分析

データ分析は，意思決定を支援する部分に焦点をあてると，大まかに以下のように分けることができる。

- 説明的データ分析
- 予測的データ分析
- 指示的データ分析

ここで**説明的データ分析**とは，データを通して現状を詳細に把握することを目的とした分析である。例えば，ある家電メーカーで冷蔵庫の売り上げが落ちているとしよう。この場合，これまでと比べてどの程度落ち込んでいるのかの確認，あるいは自社の製品カテゴリや同業他社との比較などを行う。

予測的データ分析とは，データを通して今後について予測することを目的とした分析である。上の例でいえば，今後も冷蔵庫の売り上げが減少していくのか，それとも一時的な落ち込みで下げ止まるのかを，様々な仮定も含めて予測する。

指示的データ分析とは，複数の選択肢がある状況下で，各選択に対し，どのような結果が得られるか把握することを目的とした分析である。上の例でいえば，販促キャンペーンや価格の見直しを行った場合の影響を詳しく分析する。

2.6.3 データ分析を意思決定に活用する身近な例

意思決定の立場にある者（例えば企業なら経営陣）が，何かの意思決定を行う際データを眺めることをせずに，勘や過去の経験でさっと判断しそうになる場面も多い。しかし，そこで「いやまて，ちょっとデータを分析してみよう」と考えられることが重要である。

この感覚は，実は，普段の生活でも同様である。次の例題で考えてみよう。

マンガアプリの有料会員登録の判断

大学生のKさんはマンガアプリ「ふゆコミック」でマンガを楽しんでいる。通常は毎日，少しずつ加算される無料ポイントで楽しめるが，人気漫画のみ有料ポイントが必要でありその都度，購入している。さて，ふゆコミックを利用して半年後，有料ポイントが割安になる月会員の制度が始まった。広告メールによると，多くの会員がお得に感じているらしい。一方で，同じアプリを使っているMさんは，人気の連載漫画が終わった後は使ってないから解約したと話している。毎月の料金を支払って月会員に登録するべきだろうか。

これは，Kさんという個人が自分の生活において，意思決定を迫られている場面である。多くの人は，ここで現状維持（月会員に登録しない），もしくは月会員に登録することを「なんとなく」決めているのではないだろうか。しかし，こういう場面でこそデータ分析が有効である。

今の例では，アプリの機能などを通じてポイントの履歴を調べるとよい。毎月，入手した無料ポイントの合計，有料ポイントの購入額，あるいは，毎月の有料ポイントの利用分などを集計することができるだろう。Kさんの場合6か月分のデータを用いて，現状を詳しく把握することができる。これが説明的データ分析である。

また，現状を維持する場合，来月以降の有料ポイント購入金額やポイントの利用分なども予測できる。大学の休み期間中は普段よりもマンガを読んでいるといった傾向を見つければ，より踏み込んだ予測も可能である。これが予測的データ分析である。

そして，これから3か月間，月会員に登録した場合と現状維持での支払い額を予測して，その差を検討し月会員に登録するか否か判断する。この分析が指示的データ分析である。

このように，身近な場面でも適切にデータを集めることができれば，データ分析を意思決定に生かすことができる。特に，個人であっても大きな金額が動くような重要な意思決定の場面ではデータ分析の結果はきっと役に立つだろう。

2.7 データ・AI 利活用の最新動向

ここまで見てきたようにデータ・AI の利活用は様々な領域に広がり浸透してきた。その一方で，こうしたデータ・AI の利活用を背景に，これまでになかった新たなビジネスモデルも出てきている。

ここで，**ビジネスモデル**とは企業が利益を生み出すために「誰に」「何を」「どのように提供し」「どのように収益を上げるのか」をまとめたモデルである。インターネットの技術革新やそこで発生するデータおよび AI 技術により，新しく出てきたビジネスでは，データを提供する者，報酬を支払う者，恩恵を受ける者などの関係が複雑になってきている。そのため，今後のデータ・AI 利活用を考える上でもビジネスモデルを意識することが重要である。

民間企業が提供する多くの便利な消費者向けサービスは収益を獲得できて初めて，継続的に運用される（国が運営・支援する事業以外は，どんなにすぐれたサービスであっても赤字のままでは継続できない）。本節では，現在，幅広く成立している AI を活用したビジネスモデルをいくつか紹介する。また，今後，新たなビジネスに活用されるであろう最新技術についても紹介する。

2.7.1 AI 等を活用した新しいビジネスモデル

データ・AI の利活用によって出現した新たなビジネスモデルを理解するキーワードとして

- シェアリングエコノミー
- レコメンデーション
- サーベイランス

などが挙げられる。これらは，実はインターネットの成立以前から人間社会に根付いていたものの進化形とも言える。

シェアリングエコノミー (共有経済) とは主にインターネット上のプラットフォームを通じて資源やサービスを個人間で共有し合う経済モデルを指す。これにより，物やサービスを所有するのではなく，必要なときに共有して使うことができる。具体的には，宿泊施設や自動車の共有，オフィスの会議室の共有，家事代行者の共有などが挙げられる。

知人・友人同士で何かを共有したり，貸し借りすることは昔からある。しかし，現在は，インターネットを介してお互い全く接点を持たない個人同士で共有できるようになった。見ず知らずの相手との取引は不安があるため，提供する側，利用する側の双方が安心して利用できるプラットフォームを提供することが重要である。プラットフォームを提供する側は，片方もしくは両方から一定の利用手数料をもらうことでサービスを継続できる。

Uberに代表されるライドシェアリングは，自家用車を持っている人がドライバーとして登録し，乗客がアプリを通じて車を呼ぶ。外出時にタクシーよりも安価で便利に利用できる。また，Airbnbは，個人が自分の家や部屋を短期間貸し出すサービスである。こちらも個人提供のためホテルより安価に利用できる。

これらのサービスは通常，提供する側も利用する側もユーザアカウントを作成し，それぞれの登録データを踏まえて，リアルタイムでマッチングを行う。また，アプリ利用を通じてデータを収集できるため，サービスの質向上にもデータ・AIが活用されている。例えば，宿泊施設のシェアの場合，AIは地域の宿泊需要や競合する物件の価格を分析し，最適な宿泊料金を設定している。

レコメンデーション（推薦）とは，インターネット上のサービスを利用している際にユーザが興味・関心がありそうな情報や商品，コンテンツが提案されること，並びに，そのための仕組みを指す。例えば，オンラインショッピングサイトでは，以前に購入した商品に関連する商品をすすめてくる。レコメンデーションにより，ユーザは自分に合った商品やサービス，コンテンツを簡単に見つけることができる。

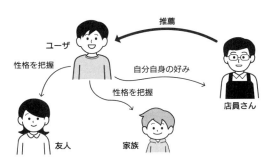

図 2.14　昔からあった口コミ

こちらも，根底にある考え方は，いわゆる口コミとして古くから存在していたものである。皆さんの周囲の人たちは，皆さんの性格・嗜好を知ったうえで商品やサービスをすすめてくる（図2.14）。また，商品やサービスに詳しい店員さんがいれば，相談に応じて適切なものを薦めるだろう。それらは，信頼できる反面，すすめてくれる範囲が周囲の人に限定される。現在のレコメンデーションは，インターネットを通じて，多くの人の購買行動を学習したAIが皆さん自身の履歴を踏まえて推薦してくる（図2.15）。

Amazonに代表されるようにオンラインショッピングサイトでは，購入履歴や閲覧履歴を元に関連する商品を提案する。Youtubeのような動画配信サービスでは，ユーザのこれまでの視聴履歴に基づいて関連する動画を提案する。

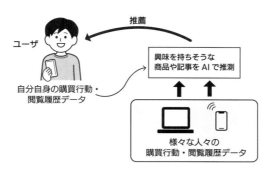

図 2.15　データ・AI を利用した推薦

　ターゲティング広告にもレコメンデーションの仕組が取り入れられている。**ターゲティング広告**とはインターネット上の何らかのサービスを利用するユーザに対し，レコメンデーションの仕組を利用して興味・関心をもつ可能性が高そうなものを提示する広告である。SNS や検索サイト，ニュースサイトなどで利用されている。例えば検索サイトで「エアコン　クリーニング」で検索すると，検索結果の先頭に関連性の高いエアコン掃除業者のリンクが表示される。

　ところで，SNS や Web 上の便利なサービスを無料で利用できることは決して当たり前ではない。私たちの生活にもはや欠かせない Google や Youtube，多くの人が利用している X（旧 Twitter），Instagram，Tiktok などの SNS。これらのサービスの提供と維持には莫大なコストがかかる。しかし，サービスを無料で提供することで多くのユーザの登録を促し，利用履歴を通じて貴重なデータを大量に収集している。そして，ターゲティング広告をはじめとする，こうしたビッグデータの利活用による収入が便利なサービスの提供を支えているのである。

　サーベイランス（監視） はカメラを店舗や施設の屋内や街中に設置して，人の動きやモノの動きを観察するサービスを指す。AI による画像認識や異常検知が使われている。

　建物内に監視カメラを設置し，複数モニターの映像で監視する場合を考えてみよう。AI による監視なら，AI がリアルタイムで 24 時間監視し，画像認識によって不審者やなんらかの異常を発見したら担当者に通知する。こうすることで監視に必要な人員を削減できる。また，街中や商業施設内に監視カメラを多数設置するような場合，人間の監視には限界があるが，AI は，混雑時であっても不審な行動や異常を見落とさずに検知できる。皆さんの身近なところでいえば見守りカメラの利用も監視の一種である。

　監視カメラの動画像から新たな価値を提供するサービスも出てきている。例えば，スーパーの店舗内で顧客が商品を探したり手に取る動作を画像認識を利用して分析することで，店舗内の陳列方法の改善に役立てることができる[*3]。

[*3] 例えば https://www.gigabyte.com/Solutions/ai-smart-retail。

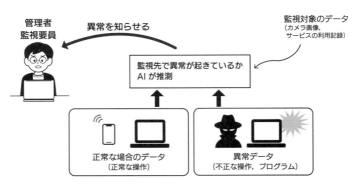

図 2.16　AI による異常検知

カメラや記録媒体ができるはるか昔から，私たちは必要に応じて，建物内外の監視や，街中，店舗内での顧客行動の観察などを行ってきた．それが，技術の進歩と AI の台頭により，カメラと画像認識を用いたサービスに進化したのである．

また，AI による異常検知は実世界の監視だけでなくサイバー空間上の監視にも活用されている．身近なところでは，クレジットカードの不正利用や，SNS やアプリで規約に違反する行為の監視などが挙げられる（図 2.16）．

2.7.2　AI 最新技術の活用例

まだ，ビジネスとして広く浸透しているわけではないが，色々な可能性のある最新のAI 技術について紹介しておこう．ここでは以下の 3 つのキーワードについて説明する．

- 強化学習
- 転移学習
- 生成 AI

強化学習（Reinforcement Learning, RL）は機械学習の一種であり，エージェント（学習する主体）が環境との相互作用を通じて行動を学び，最適な行動方針を見つけるものである．エージェントは，行動の結果として報酬（またはペナルティ）を受け取り，その報酬を最大化するように学習を進める．特に近年では，深層ニューラルネットワークを活用した深層強化学習の研究が進んでいる．

すでに工場で実用化されているロボットアームによる部品組み立ての制御を例に，強化学習の基本的な方法をみてみよう（図 2.17）．最初，ロボットアーム（エージェント）はどのように部品を持ち上げ，どの方向に動かし，どのタイミングで放すべきか全くわからない状態からスタートする．しかし，作業を進める中で，いくつかの動作がうまくいき，組み立てが成功すると「報酬」を得る．逆に，途中で部品が壊れたり，落としたりす

2.7 データ・AI 利活用の最新動向

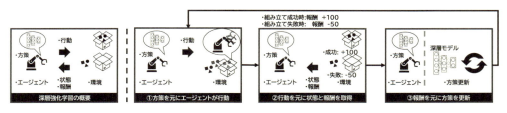

図 2.17 強化学習の例

ると「ペナルティ」を受ける。ロボットアームは試行錯誤を繰り返しながら，行動選択の方法（方策）を更新する。つまり，どの動作が報酬につながるかを学習する。試行錯誤の段階では実際の物理環境ではなく 3D 空間のシミュレーションを利用することもある。これは，現実世界での試行錯誤には時間的・経済的コストが大きいことによる。シミュレーションで学習したモデルを現実世界に適応させるアプローチは Sim-to-Real と呼ばれる。計算機の高性能化に伴い現実に近いシミュレーションが実現しており，シミュレーションを用いた学習の有用性は年々高まっている。

　強化学習はすでに様々な分野に応用されている。もっとも有名なのはチェスや将棋のような対戦型ゲームであろう。対戦型ゲームは，すでに人間のプロプレイヤーに勝てるレベルの強力な AI が作られている。また，工場での部品組み立てや運搬ロボットも実用化されている。レコメンデーションにも強化学習が使われている。ロボットや車の自動運転など人間の活動代替を目指す研究でも強化学習は中心的な技術である。

　転移学習（transfer learning）は，ある領域で事前に学習した知識やスキルをベースに別の関連する領域を効率的に学習させる方法を指す。通常，新しい学習モデルに一から学習させるためには大量のデータと時間が必要だが，既に学習済みのモデルを再利用することで，少量のデータで適応させることができる。

　例えば，深層ニューラルネットワークに対し，画像認識を用いてレントゲン画像で特定の病変を識別できるように学習させる場合を考えてみよう。一から学習させる場合には大量の病変ありのレントゲン画像を準備する必要があるが，これは難しい。しかし，転移学習を利用することで，このような状況を緩和できる。既存の画像認識（レントゲン画像でなくてもよい）ができる深層ニューラルネットワークに対し，少量の病変ありの画像を使って**追加学習**（fine-tuning）させればよい。

　自然言語処理や音声合成，画像生成などで，学習済みの AI に対する転移学習の活用が広がっている。例えば，ある企業が AI に顧客サポートを行わせたいとしよう。自然言語処理を学習済みの AI はテキストの入出力を用いて一般的な応答は可能だが，顧客サポートに関する知識は皆無である。そこで，この AI に対し，自社の顧客サポートの受け答えに関するデータを学習させる。そうすることで，AI は顧客サポートの受け答えができる

チャットボットとして利用できる。

生成 AI（generative AI）は，画像，テキスト，音声，動画など様々な形式について新しいデータやコンテンツを生成する AI を指す。例えば，Stable Diffusion などの画像生成 AI は，リアルな人間の顔や風景や絵画，イラストなどを生成することができる。ここでは拡散モデル（Diffusion Model）という技術が使われており，人間が区別できないレベルの画像を出力できるようになってきた。また，ChatGPT など文章を生成する AI の場合，こちらから指示を与えることで小説や詩，ブログ記事などを生成する。特定の文章を入力して要約を出力させることや，文章の校正を行うことも可能である。

これらの多くはクラウドを通じて利用でき，有料のサブスクリプション（月額・年額を支払って利用）によって提供されることが多い。企業が自社の業務に生成 AI を使いたい場合，自社業務に関連するデータを準備して転移学習を行うこともできる。

引用文献および文献ガイド

[1] 市川正樹 (2023)『文系のためのデータサイエンス・AI 入門』学術図書出版社
[2] 北川源四郎・竹村彰通編著 (2021)『教養としてのデータサイエンス』講談社
[3] 北川源四郎・竹村彰通編著 (2023)『応用基礎としてのデータサイエンス』講談社
[4] 齋藤政彦・小澤誠一・羽森茂之・南千惠子編著 (2021)『データサイエンス基礎』培風館
[5] 数理人材育成協会 編 (2021)『データサイエンスリテラシー』培風館
[6] 竹村彰通・姫野哲人・高田聖治編著 (2021)『データサイエンス入門 第 2 版』学術図書出版社
[7] 笛田薫・松井秀俊 (2022)『Excel で学ぶデータサイエンス入門講義』日経 BP 社

第3章 コンピュータの仕組み

ここからは，データ・AI を利活用するための基礎として，コンピュータの仕組みについて学ぶ。コンピュータを構成する要素には**ハードウェア**と**ソフトウェア**の 2 つがあり，その動作にはこの 2 つが欠かせない。本章では，コンピュータを構成するこれらの要素と，その中でデータがどのような形で扱われているかについて学ぶ。

3.1 ハードウェア

ハードウェアとは，コンピュータを構成する物理的な要素である。ハードウェアはその機能により，制御，演算，記憶，入力，出力に分類することができる。

3.1.1 制御・演算装置

コンピュータにおいて，各ハードウェアをどのように動作させるかを制御する**制御装置**と，様々な計算をする**演算装置**は中心的な役割をもっている。制御装置は記憶装置からプログラムに書かれた命令を取り出して解釈し，他の装置の動作を決定する役割をもつ。また，演算装置はプログラム内の命令に従って，記憶装置にあるデータを演算する。この 2 つの装置は **CPU**（Central Processing Unit，**中央演算装置**）の中に置かれ，コンピュータの中枢となっている。

CPU の性能は，どういう構成で作られているかというアーキテクチャによって決まる。CPU のアーキテクチャにより，扱う基本的なデータのサイズ（64 ビット，32 ビットなど），「コア数」と呼ばれる演算装置の数，「スレッド数」と呼ばれる同時並行に実行可能な処理の数，1 秒間に基本的な動作が何回行われるかというクロック周波数，主記憶装置と CPU の動作速度の差を緩和するために CPU の内部に置かれる高速なメモリ「キャッシュ」の容量などが異なる。例えば，CPU の性能を表すスペックとして表 3.1 のようなものが示される。

クロック周波数は CPU 内部の回路を動作させるための信号波（クロック波）[*1]が 1 秒間に何回送られるかを表す。3GHz のクロック周波数とは 1 秒間に 30 億回のクロック波が送られ，処理が行われることを意味し，これが大きいほど高速に動作する CPU であることがわかる。

[*1] 時計のように一定間隔の信号波が送られるので，クロック波と呼ばれる。

しかし近年，クロック周波数を大きくするとCPU内部での発熱が大きくなり，これを増やすことは難しくなってきた．そこで，CPU内部のコアを増やし，同時並列に計算できるようにして，計算性能を上げるようになった．計算の並列化には一定の手間がかかるため，単純にコアの数がnならば，性能がn倍になるわけではないが，他のスペックが同じであれば，コア数が多いほど高性能となる．さらに，1つのコアで複数の処理を同時並行で実行する技術を使い，さらに性能を上げることもできる．これをマルチスレッディングとよび，CPU全体でいくつの処理が同時に実行可能かをスレッド数として表している．マルチスレッディングにより，物理的なコア数よりも多い，論理的なコアをCPUに持たせ，処理性能を上げている．

　また，CPUとデータのやり取りを行う主記憶装置も同様にクロック波で同期して動作するが，その速度差はかなり大きい．そこで，そのギャップを埋めるために**キャッシュメモリ**がCPU内部に置かれる．キャッシュメモリは高速動作可能な半導体メモリを用い，プロセッサ内部に置かれているため主記憶装置のメモリより高速に動作する．CPUに読み込まれた命令やデータはキャッシュにも読み込まれ，再度キャッシュ内データにアクセスがあれば，高速な処理が可能になる．しかし，キャッシュの容量は限られているので，それを超えるデータが読み込まれれば，古いデータは追い出されるので，容量が大きいほど高速な処理が期待できる．

　一方で，高速に動作すると消費電力が上がる．表3.1のTDP（Thermal Design Power）は日本語にすると熱設計電力で，これが高ければ発熱が大きく，強い冷却が必要になる．したがって，モバイルパソコンなど小型のコンピュータでは性能だけではない要素も加味したCPUが選択される．

表 3.1 CPUスペックの例

	コア/スレッド数	クロック周波数	キャッシュ	TDP
CPU1	8/16	3GHz	16 MB	140W
CPU2	2/2	2GHz	2 MB	15W

　近年はもう1つの演算装置として，**GPU**（Graphics Processing Unit）が重要視されている．GPUはコンピュータ上の画像描画に特化した演算装置で，リアルタイムのグラフィックス処理を行うために数千から1万を超える多数の演算ユニット（小さなコア）を持ち，並列処理に特化した設計になっている．その並列性はディープラーニングなど多くの計算を必要とするAI分野などでも有効に働くため，近年ではグラフィックスに限定せず利用すること（GPGPU（General Purpose computing on GPU））が多くなっている．

3.1.2 記憶装置

記憶装置とは，データやプログラムを保存する装置を指し，その種類や特徴から「**主記憶装置（メインメモリ）**」と「**補助記憶装置**」に分類することができる（表3.2）。

主記憶装置はCPUから直接，読み書きできるメモリである。高速に動作するCPUに対応するため高速に読み書きできる半導体メモリが使用される。データの転送に要する時間（レイテンシ）は，数十〜数百ナノ秒である。一方で，コンピュータの電源を切ると全記憶内容が失われたり（揮発性），単価が高いことや回路の集積性の制約などにより容量は低くとどまり，一般的なパソコンでは8GB〜32GB程度である。

一方，補助記憶装置のレイテンシを見るとハードディスクはミリ秒単位，半導体であるフラッシュメモリを用いたものでもマイクロ秒単位で，主記憶装置と比べ低速である。しかし，主記憶に比べ安価かつ，大容量にすることができ，電源を落としてもデータが保持される不揮発性を持つ。

表 3.2　主記憶装置と補助記憶装置の比較

	長所	短所
主記憶装置	高速	低容量, 揮発性
補助記憶装置	大容量, 不揮発性	低速

CPUはコンピュータの「頭脳」の役割を持つが，主記憶装置はCPUが行う仕事のプログラムやデータを置く「作業台」に例えられる（図3.1）。作業台のサイズが大きければ，並行してたくさんの作業が行えるのと同じように，主記憶装置のサイズが大きいほど，たくさんのソフトウェアを同時に立ち上げて作業したり，動画編集などのデータ量の多い作業もスムーズに行うことができる。一方，補助記憶装置は主記憶装置で使うプログラムやデータを置く「本棚」に例えられる。作業が終われば机の上のものを本棚に戻すように補助記憶装置に保存し，作業に必要なものがでてきたら，補助記憶装置から取り出し，作業台である主記憶装置上で作業を行う。

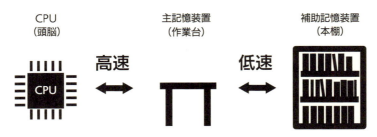

図 3.1　CPUと記憶装置

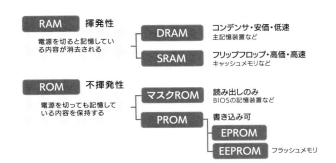

図 3.2　半導体メモリの種類

　主記憶装置などに用いられる半導体メモリは大きく分けて，**RAM**（Random Access Memory）と **ROM**（Read Only Memory）に分類することができる。本来は，RAM は読み書きが可能で，ROM は作成時に書き込まれた内容から書き換えができないマスク ROM に代表されるように読み出しのみが可能という特性からこの名前が付いたが，PROM（Programmable ROM）では内容を消去して再度書き込むことができるようになっている。したがって，書き込み可能かどうかではなく，RAM は揮発性，ROM は不揮発性をもつことが分類するため特徴となっている。

　RAM はさらに，記憶回路にコンデンサを使う DRAM と，半導体で構成されるフリップフロップを使う SRAM に分けられる。一般に DRAM は SRAM と比べ低速であるが，安価で集積性を高めて大容量とすることもできるので，主記憶装置には主に DRAM が使用される。一方，SRAM は DRAM と比べて高価であるが，高速に動作するので，キャッシュメモリには SRAM が使用される。

　補助記憶装置に用いられるハードウェアには様々な種類があり，代表的なものに磁気ディスク，光ディスク，フラッシュメモリがある（表 3.3）。

　磁気ディスクを扱う記憶装置として代表的なものはハードディスクである。ハードディスクは，その中に収められたプラッタと呼ばれる磁気ディスクが，毎分数千回転という高速で回転しており，磁気ヘッドを動かして，そこからデータを読み取る。1 TB を超える容量のプラッタも開発されており，10 TB を超える大容量のハードディスクドライブもあ

表 3.3　光ディスク

種類	特徴
CD	赤外線レーザーが用いた光ディスク（650 MB，700 MB，800 MB）
DVD	CD より短波長の赤色レーザーを使用（一層 4.7 GB，二層 8.54 GB）
Blu-ray Disc	DVD より短波長の青紫色のレーザーを使用（一層 25 GB，二層 50 GB）

る．一方で，磁気ヘッドを動かすという機械動作が必要なため，アクセス速度は半導体メモリと比べかなり低速である．

光ディスクはレーザ光を利用してデータの読み書きを行う．代表的なものに CD，DVD，BD（Blu-ray Disc）などがある（表 3.3）．使用する光の波長が短いほど記録密度を高めることができるため，CD では最大 800 MB であるのに対して，BD は 25 GB 記録することができる．さらに，DVD や BD は 1 つの面に 2 層の記録を行うことができるので，容量を増やすことができる．

フラッシュメモリは電気的に高速なデータ消去を可能とした ROM で，不揮発性を持ち，読み書き可能な半導体メモリである．代表的なものに，コンピュータの USB ポートに接続して利用する USB メモリやスマートフォンやデジタルカメラのデータ保存に利用する SD カード，そしてハードディスクに代わる高速な補助記憶装置として利用されている SSD（Solid State Drive）などがある．SSD は容量あたりの価格はハードディスクと比べて高価であるが，機械駆動部がないため衝撃に強く，消費電力が小さいためノートパソコンなどでは広く用いられている．

3.1.3 入力・出力装置

入力装置はユーザや外部の装置からコンピュータに主記憶装置を通じてデータや指示などの**入力**（input）を与えるための装置であり，キーボードやマウスなどがあげられる．**出力装置**は主記憶装置に置かれたデータを人などが認識できるように**出力**（output）するもので，ディスプレイやプリンタなどがあげられる．

入出力装置はコンピュータの外部にあるため，ケーブルなどで接続すれば，この接続部を**インタフェース**と呼ぶ．インタフェースにはコネクタやデータをやりとりする手順などの接続方式が規格として定められており，いろいろなメーカーが作成した入出力装置を使うことができるようになっている．入出力装置とのデータのやりとりは，信号線 1 本でデータを送受信するシリアルインタフェースと信号線を複数利用してデータを送受信するパラレルインタフェースがある．かつては，同時に複数の信号を送るパラレルインタフェースの方が高速であったが，近年では手順が単純なシリアルインタフェースの方が高速に通信できるようになっている．シリアルインタフェースの代表的なものとして USB（Universal Serial Bus）がある．USB はマウスやキーボード，プリンタなど幅広い入出力装置のインタフェースとして用いられている．USB 2.0 では最大データ転送速度が 60 MB/秒であったが，USB 3.0 以降の規格では速度はその 10 倍以上になっており，フラッシュメモリなどの補助記憶装置との間の大容量のデータ転送に用いられている．また，ワイヤレス接続方式の Bluetooth もマウスやキーボード，スピーカなどの入出力機器との接続に広く使われている．

ディスプレイへのインタフェースとしては，アナログで RGB 各色の信号を送る VGA が広く使われていたが，現在は，デジタルで映像と音声を送信でき，著作権保護にも対応している[*2]HDMI（High-Definition Multimedia Interface）が多く使われている。

3.1.4 ハードウェアの統合

近年はスマートフォンなどの小型デバイスへの対応や処理の高速化のために，システムを構成するハードウェアを 1 つの半導体チップにまとめることも多い。このような半導体を SoC（System on Chip）と呼ぶ。SoC で組み合わされるハードウェアは様々であるが，CPU，GPU などの演算・制御装置に加え，主記憶装置を一体化し，CPU と GPU が使用するメモリを共有化すれば，効率よくデータをやり取りし，高速な処理が実現できるので，パソコンなどでも広く使われるようになっている。この他にも，デジタル信号を処理するプロセッサ，入出力インタフェース，通信機能，補助記憶に使うフラッシュメモリなども組み合わされており，デジタルデバイスの小型化や高速化に貢献している。

3.2 ソフトウェア

ソフトウェアとは，コンピュータを動作させるプログラムのことである。ハードウェアがあってもソフトウェアがなければコンピュータは動作せず，ハードウェアの性能を引き出すのもソフトウェアの役割である。ここでは，どのようなソフトウェアがあるかを見ていく。

3.2.1 ソフトウェアの種類と役割

ユーザはハードウェアを使うために様々なソフトウェアでサポートされている。ユーザは文書作成，表計算，Web ブラウザなどの**アプリケーションプログラム**を使用するが，プロセッサ，メモリなどのハードウェアは **OS**（Operating System，**オペレーティングシステム**）を介して操作される。また，場合によっては，OS とアプリケーションプログラムの中間で動作する Web やデータベースサーバなどの**ミドルウェア**がアプリケーションプログラムと OS を仲介することもある（図 3.3）。

[*2] 著作権保護に対応していないデジタルインタフェースでは著作権保護された映像を見ることができないなどの問題が出る。

3.2 ソフトウェア

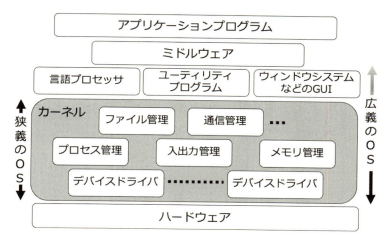

図 3.3 ソフトウェアの種類

3.2.2 オペレーティングシステム（OS）

OSはハードウェアやアプリケーションを制御・管理するための基本機能を提供する。OSの中心部は**カーネル**と呼ばれ，プロセッサ，メモリ，ファイルなどの管理や制御などを行い，ハードウェアを効率的に活用する役割を持つ。また，デバイスドライバと呼ばれる各ハードウェアに対応したプログラムを使用することにより，様々なハードウェアに対応し，それらの細かな差異を吸収することもできる。狭義のOSとはカーネルを指す。また，OSとして提供されるソフトウェアにはカーネルに加え，表3.4に示すようなソフトウェアがある（広義のOS）。

表 3.4 OSに含まれるプログラム

名称	説明
カーネル	ハードウェアやソフトウェアを効率的に活用するために管理・制御するソフトウェア（狭義のOS）
言語プロセッサ	プログラム言語で書かれたプログラムを機械語のプログラムに変換するソフトウェア
ユーティリティプログラム	ユーザサポートやシステムの定期作業など，様々なサービス機能を提供するソフトウェア
ウィンドウシステムなどのGUI	基本的な操作をマウスなどを使って画面上の位置の指示により行えるようにしたもの。ウィンドウシステムは同時並行に動く各プログラムに個別の表示領域であるウィンドウを与え，GUIを提供するものである

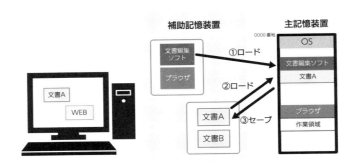

図 3.4 メモリ管理，ファイル管理

　カーネルが持つ機能としてはプロセス管理，メモリ管理，ファイル管理などがある。プロセス管理では，複数のプログラムが並行して動作可能であるように，どのプログラムをCPUに割り当てて動作させるかを決める。1つのCPUであってもプロセス管理機能により短時間で割り当てを切り替えることにより，同時並行にプログラムを動作させることができる。

　メモリ管理では，主記憶装置のどの部分が何に使われているか，どの部分が未使用であるか，これから処理するものをどこに割り当てるかなどを管理する。図3.4は文書編集ソフトが起動されたときの動作を示しているが，すでに起動されているブラウザとは重ならないように領域を確保し，補助記憶装置から主記憶装置にプログラムをロードする。さらに，文書Aを編集する際にはそのデータを主記憶装置にロードする。

　ファイル管理は，補助記憶の領域をデータの入れ物であるファイルとして扱えるように管理したり，どのファイルをどこに置くのかや，その所有者は誰であるかなどを管理する。図3.4の補助記憶にあるプログラムやデータをどこからロードし，保存時にどこにセーブするかなどはOSによって管理されている。

　また，入出力装置などハードウェアの抽象化もOSの重要な役割である。ハードウェアの詳細は製品によって異なるが，デバイスドライバを介し，統一的な操作で扱えるようにすることにより，ユーザやアプリケーションプログラムの作成者が個々のハードウェアの違いを気にすることなく利用できる。

　言語プロセッサは，C言語やPythonといったプログラミング言語で書かれたプログラムをコンピュータが理解できる2進の数で表記できる機械語のプログラムに変換するコンパイラなどのソフトウェアやそれを補助するプログラムである。作成したアプリケーションプログラムが実行できるようにするために必要なものであるので，開発環境としてOSに含まれるプログラムである。

　ユーティリティプログラムは，ユーザのサポートやシステムの定期作業など，コンピュータを効率よく利用するための様々な機能を提供するソフトウェアである。テキスト

3.2 ソフトウェア

表 3.5 代表的な OS

名称	説明
Microsoft Windows	Microsoft 社が開発したウィンドウシステムを持つ OS。
UNIX	AT&T 社が開発した OS が起源。様々なコンピュータで UNIX ベースの OS が利用されている。
macOS	Apple 社が開発した OS。GUI を普及させた。現在のバージョンは，UNIX ベース。
Linux	完全にフリーでオープンソースとした OS の開発を目指す個人プロジェクトが起源。UNIX と互換性を持つ。
Google Chrome OS	Google 社が開発した Linux をベースとした OS。Chromebook と呼ばれる，安価なモバイルパソコンに搭載。
iOS	Apple 社が開発したモバイルデバイス用 OS。iPhone，iPad に搭載。
Android	Google 社が開発したモバイルデバイス向け OS。

エディタやスクリーンセイバーからメモリ管理ソフトウェアまで，様々なものがある。

OS を扱う上でどのようにユーザの指示を受け，どのような形で結果を出力するかという「ユーザインタフェース」は利用者側からは重要な要素である。CUI（Character User Interface）はシェルと呼ばれる文字ベースのインタフェースを通じて各種処理を OS に伝え，文字で結果を受けとる。これに対して，GUI（Graphical User Interface）は情報の出力に画像や図形を用い，基本的な操作をマウスなどを使って画面上の位置の指示により行えるようにしたものである。近年の OS は並行に動く各プログラムに個別の表示領域を与えるウィンドウシステムなどの GUI を提供することが基本となり，それが OS の使いやすさを左右する。GUI は必ずしも OS の必須要素ではないが，今では，GUI も含めて OS が提供されることが一般的である。

表 3.5 は代表的な OS を示している。最もシェアが大きいパソコン用 OS は，Microsoft Windows である。また，Apple 社は自社製品用に macOS を開発し，スマートフォンとの連携など独自の機能性から一定のシェアを得ている。また，UNIX やオープンソースの Linux をベースとしてカスタマイズされた OS も広く用いられている。一方，Google 社はスマートフォンなどに使われる Android の他に，安価なモバイルパソコン向けに開発した Google Chrome OS などを開発し，ユーザを増やしている。

3.3 情報とデータ

コンピュータでは，音声や映像といった情報も数値データに変換され，処理される。ここでは，コンピュータでどのように情報を扱うかについて学ぶ。

3.3.1 コンピュータ内部でのデータ

我々の日常生活で扱う量には，値を連続的に扱うアナログ量と，個数のような離散的な値で扱うデジタル量がある。コンピュータではデジタルですべての情報を扱う。

コンピュータ内部では電気信号で数値を伝える。電気信号の電圧に基準を設け，それより高い電圧を 1，低い電圧を 0 に対応させ，あらゆるデータを表現し処理している。このデータの最小単位を**ビット**（bit）といい，文字や画像，音声等，すべてのデータはビットをまとめて表現できる数値によって扱われる。電圧の段階でデータを表すのであれば，2 段階だけでなくもっと増やすことも可能であるが，なぜそうしていないのだろうか？図 3.5 は 4 段階に区切り 0〜3 の値を扱うようにしたものと，2 段階で 0, 1 のみのものを比較したものである。コンピュータ内でやり取りする信号には他の機器の影響等で一定のノイズが入る。そのノイズが大きいと 4 段階など段階を増やしていくと，基準の電圧を超え，異なった値の信号として伝わる可能性が高くなってしまう。したがって，2 段階に抑えておくことにより，ノイズによる誤りを少なくすることができ，かつ，情報の取り扱いも簡単になることによって高速化が期待できるため，コンピュータ内のデータは 0, 1 を基本として表現される。

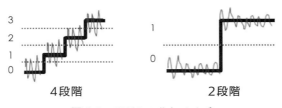

図 3.5 デジタル化とノイズ

様々な情報をデジタル化することにより，コンピュータでは画像処理など計算により情報をいろいろ加工することができる。また，0, 1 の 2 段階の数でデジタル化したデータは前述の通りノイズなどに強く，また，付加情報により修復も可能になるので，情報を劣化せずコピーしたり，ネットワークを通じて遠くまで伝えることができる。さらに，数値化により検索や分析が可能になるので，画像の検索や音声認識なども行うことができる。

3.3.2 文字データの取り扱い

コンピュータの内部では，文字も2進法の数で表現される。それぞれの文字をどのような数で表すかを**文字コード**と呼ぶ。例えば，ASCIIや，JISコードと呼ばれる文字コードでは，数字の「0」を2進で00110000（10進で48），英字「A」は2進で01000001（10進で65），英字「a」は2進で01100001（10進で97）で表す。いわゆる半角の英数字（a〜z, A〜Z, 0〜9）と基本的な記号は7ビットで表現できる。一方，漢字などを扱うためにはより多くの文字数が扱えるコード体系が必要である。

文字コードには表3.6に例示するように様々なものがある。ASCIIはアメリカの標準規格を策定しているANSIが定めた規格した文字コードで，英数字と記号を7ビットで表現するコードである。一般にデータはバイト単位でやり取りされるので，それに誤り検査をするためのパリティビット[*3]を加えることもある。シフトJISやEUCは日本語を扱うための2バイトの文字コード体系である。シフトJISはWindowsやMacなどのパソコン，EUCはUNIXを搭載したコンピュータで主に使われてきた。しかし，現在では，多国語を扱うことができるUnicodeと呼ばれる文字集合に対応したUTF-8が広く使われ，世界的な標準コードとなりつつある。

このように文字コードは様々あるため，Webページなどでは，どの文字コードであるかを明示しないと異なるコードで文字に変換してしまう「文字化け」が起こることもある。

表 **3.6** 代表的な文字コード

名称	説明
ASCII	ANSI（米国規格協会）が規格した文字コード。英数字・記号を7ビットコード体系で表す。誤り訂正のためのパリティビットを1ビット追加して1バイトでやり取りされることもある。
シフトJIS	日本語を扱うための文字コード。漢字やひらがなを表現可能。2バイトのコード体系で，多くのパソコンで利用されてきた。
EUC	シフトJISと同様，ひらがな・漢字も扱える2バイトコード体系。主にUNIXで使用されてきた。
UTF-8	Unicodeと呼ばれる文字集合（大規模文字セット）に対応した符号化方式。1文字あたり1バイトから4バイトで表される，多言語を扱えるため，世界的な標準コードとなっている。

[*3] ビット列の1の数が偶数もしくは奇数になるように加えるビット。例えば，偶数とした（偶数パリティを加えた）にも関わらず，奇数で伝わった場合はデータに誤りがあることが検出できる

3.3.3 音や画像データのデジタル化

前述のとおり，音や画像もコンピュータ内では数値のデータに変換して扱われる。しかし，音や画像はアナログデータであるため，デジタルデータに変換する必要がある。ここでは，音と画像のデジタルデータへの変換について見ていく。

アナログからデジタルへのデータの変換は，標本化，量子化，符号化を経て行われる。まずは，音のデジタル化についてみていく。

音は空気の密度が時間的に振動することによって伝わるので，マイクなどを通じて，図 3.6 に示すような横軸を時間，縦軸を電圧とした波形データとして得ることができる。波形の振幅は大きさを表し，これが大きいほど大きな音になる。また，音の高さは振動数で表され，これが多い（波の幅が狭い）ほど高い音となる。アナログであるこの波形は切れ目のない連続データであるので，デジタル化のためには，まずはじめに，波形を一定時間で区切って取り出す必要があり，これを**標本化（サンプリング）**という。取り出した点を標本点といい，区切る間隔である標本化周期が短いほど，元のアナログ波形に近くなる。

次に，波形を一定の電圧で区切り，標本点においてもっとも近い数値を求める。これを**量子化**という。量子化し得られた数値とアナログ波形との差を量子化誤差というが，区切る間隔を短くすればこれが小さくなり，元のアナログ波形に近くなる。

最後に，量子化された量を数値にすることを**符号化**という。この時点でデータの圧縮を行い，データ量を減らすこともできる。

続いて画像についてであるが，一般的には CCD や CMOS と呼ばれる撮像素子を用いたイメージセンサによって光の三原色（赤，緑，青：RGB）各色の明るさが検知され，標本化が行われる。イメージスキャナの解像度（単位長さあたりいくつの標本をとるか）やデジタルカメラに画素数として示されているものは標本点の数になる[*4]。図 3.7 は画素数を変えて標本化を行ったイメージである。同じ画像でも，左の $480 \times 480 = 230400$ 画素に対して，$8 \times 8 = 64$ 画素では十分に画像を標本化できていないことがわかる。

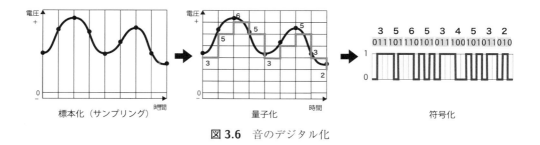

図 3.6 音のデジタル化

[*4] 実際には，端の方の画素はノイズが出やすいなどの問題があり，標本化には使われないこともある。そこで，「総画素数」と「有効画素数」を分けて，表示されていることもある。

480 × 480　　　32 × 32　　　8 × 8

図 3.7 画像標本化のイメージ

　続いて量子化では，RGB ごとに，各画素の明るさを最も近い段階を得る．一番明るい状態から暗い状態まで何段階に分けるかを示す量子化数を階調と呼ぶ．階調が多いほど，元の色を再現できることになる．

　最後に量子化した段階を数値に変換する．この際，デジタルカメラでは画素データの段階をそのまま数値化するのではなく，ノイズ除去や歪みを直すなど様々な補正を加え，圧縮して符号化を行う．

　画像データはデータ量が多いため，符号化段階や，その後の加工で，データ量が小さくなるよう圧縮されたデータ形式に変換して扱われることが多い．画像フォーマットには表 3.7 のようなものがあり，その用途によって使い分けられている．画像フォーマットのうち，写真は JPEG フォーマットの圧縮と相性がよく，デジタルカメラで記録される画像ファイルの標準形式は JPEG である[*5]．ただし，JPEG は不可逆圧縮であり，圧縮前の元データに戻すことはできない．また，ベタ塗りが多い画像には GIF 形式が適しており，Web ページなどの画像によく用いられていたが，色が 256 色に限られるので，近

表 3.7 画像フォーマット

名　称	説　明
BMP	Windows が標準サポートしている画像形式．圧縮していないため，データ量が大きい．
GIF	8 ビット（256 色）までの色が扱える可逆圧縮された画像形式．単色のベタ塗りが多い画像などに向く．透明色を使ったり，アニメーションにできる特徴を持つ．
PNG	24 ビットまでの色（フルカラー）が扱える可逆圧縮された画像形式．透明色も扱うことができる．
JPEG	フルカラーが扱える非可逆圧縮された画像形式で，圧縮率が高い．画像データのサイズが大きくなる写真を扱うデジタルカメラなどで使われている．

[*5] RAW 形式と呼ばれる補正や圧縮を施さない形式での保存することができるものも多いが，ファイルサイズが大きく，加工が必要になるので，標準では加工・圧縮された JPEG ファイルで保存される．

年では PNG 形式が使われることが多い。GIF や PNG は可逆圧縮で，圧縮前の元データに戻すことが可能である。

引用文献および文献ガイド

[1] Ron White (2015)『コンピューター&テクノロジー解体新書』SB クリエイティブ
[2] 河村一樹他 (2011)『IT Text（一般教育シリーズ）情報とコンピュータ』オーム社
[3] 橋本洋志他 (2018)『図解 コンピュータ概論 [ハードウェア] 改訂 4 版』オーム社
[4] 橋本洋志他 (2018)『図解 コンピュータ概論 [ソフトウェア・通信ネットワーク] 改訂 4 版』オーム社
[5] 矢沢久雄 (2007)『プログラムはなぜ動くのか 第 2 版』日経 BP 社

第4章 情報ネットワークの仕組み

続いて，データ・AI を利活用するための基礎として，情報ネットワークの仕組みについて学ぶ。今やコンピュータの利活用において，情報ネットワークは不可欠な要素である。特にインターネットは生活に深く関わっており，これらの仕組みや重要性を理解することは，単に様々なオンラインサービスを賢く活用するだけでなく，ネット上で遭遇するトラブルに適切に対応するためにも不可欠である。本章では，情報ネットワークの重要性を理解することを目的とし，情報ネットワークの仕組みを，その上で導入されているセキュリティ技術を交えて紹介する。

4.1 情報ネットワークとは

情報ネットワークとは，複数のコンピュータ同士を通信回線で結んだものを指す。以下，単にネットワークと呼ぶときは，情報ネットワークのことを指す。極端な例でいえば，2 台のコンピュータ同士を 1 対 1 で直接ケーブル接続したものもネットワークと言えるが，今日ネットワークと呼ぶ場合は，多数のコンピュータが相互に通信可能な状態にあるものを指す。

身近なネットワークとしては**インターネット**（internet, the Internet とも）があるが，インターネット＝情報ネットワークというわけではない。例えば学校や会社の単位，あるいは会社でも建物や階層単位（A 棟や B 棟など），大学だと学部・学科といった部署単位など，ある特定の限られた範囲で相互に接続した情報通信ネットワークを，**LAN**（Local Area Network）と呼ぶ。基本的に LAN はその限られた範囲でネットワークとして閉じており，異なる LAN に属するコンピュータとは直接つながっていない。異なる LAN 同士を相互に接続した形態は，**WAN**（Wide Area Network）などと呼び区別する。さらにこうした大小様々なネットワーク（net）の間（inter-）を世界規模でメッシュ状に接続したものが，インターネット（internet）と呼ばれている[*1]。

ネットワークを構成する要素として，主にデータを送受信するプログラムが動作する PC やサーバなどの "コンピュータ"，データを転送する役割を持つ "ネットワーク機器"，そしてコンピュータとネットワーク機器をつなぐ "伝送媒体" の 3 つがあげられる。図 4.1 の社内 LAN を例にすると，複数の PC・携帯端末やプリンタなどネットワークに

[*1] 同じように，コンピュータと人間の間で相互にやりとりすることを interaction，コンピュータと人間の間をやりとりする入出力装置を interface などと呼ぶ。

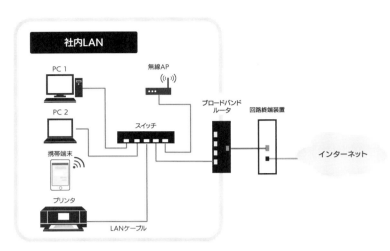

図 4.1 社内 LAN の例

接続するコンピュータ，コンピュータ同士をつなぐ途中に位置するルータやスイッチなどのネットワーク機器，それらの間の接続に使われる LAN ケーブルや無線 LAN の電波などの伝送媒体で構成されている．

ネットワーク機器のうち，**スイッチ**（switch，正式にはスイッチングハブ（Switching Hub））は，LAN 内部の複数の機器同士を接続する装置である．対して，**ルータ**（router）は，異なるネットワーク同士を接続する機器で，例えるなら LAN の内外をつなぐ出入口で通信の仲介（ルーティング）を行う機器である．図 4.1 の社内 LAN の例で言えば，LAN 内のコンピュータはルータを介して外部のインターネットに接続することができるため，特に"ブロードバンドルータ"と呼ぶことも多い．いずれも有線の LAN ケーブルを用いて接続する機器を指すが，無線 LAN のアクセスポイントにもスイッチやルータの機能を有するものが多い．

なお，職場や家庭からインターネットへの接続は，単にスイッチやルータなどの機器を揃えれば良いだけではなく，**インターネットサービスプロバイダー**（Internet Service Provider, ISP）とインターネット接続契約を結び，職場や家庭までのインターネット接続回線を引いてもらう必要がある．この回線の種類には主に電話線，光ファイバ（FTTH），同軸ケーブル（CATV など）などが存在するが，いずれもネットワーク機器やコンピュータが接続する LAN ケーブルとは仕様が異なるため，ブロードバンドルータとその回線をつなぐ回線終端装置（光回線終端装置（ONU）など）を間に設置する必要がある．この装置には，ルータやスイッチ，さらに無線 LAN の機能を内蔵したものも存在する．

4.2 ネットワークの構成

ネットワーク上に接続されたコンピュータには，それぞれ異なるアドレスが割り当てられている。手紙を出すときに宛先と送り主の住所を記載するように，ネットワークに接続された機器同士も，情報のやり取りを行う際に「どこから，どこにその情報を送るのか」を示すアドレスが必要となる。実際にネットワーク上をやり取りするデータには，通常，宛先アドレスと送信元アドレスがセットになって送信されている。

また，ネットワークを介した実際のやり取りにおいては，**パケット交換方式**が採用されている。パケット交換方式とは，データを**パケット**（packet）と呼ばれる一定サイズの単位に分割し，パケット単位でデータの送受信を行うものである。このパケットには，データ部分とともに，宛先アドレスと送信元アドレス，その他パケットを受け取った側がもとのデータへ組み立てるための付加情報をまとめたヘッダ部分がつけられている。

パケット交換方式が採用された背景には，"通信回線の専有を避けるため" という理由がある。世界最初期の大規模情報ネットワークでインターネットの起源と言われる **ARPANET**（1969–）では，少数の高性能な計算機に全米各地のコンピュータからアクセスが集中することが予想されており，特定の通信に回線が長時間専有される状況を極力回避する必要があった。そこで，送受信するデータをパケット単位に分割してバラバラに送る方式とすることで，一度に回線を専有する時間を短くし，さらに通信経路内に複数のパケットが同時に混在することで，多数の機器が1つの通信路を（実質的に）同時に使って通信できる仕組みを可能とした（図 4.2）。当時と比べて接続するコンピュータの数が飛躍的に増えた現在のインターネットにおいて，パケット交換方式は基本的な通信方式となっている。

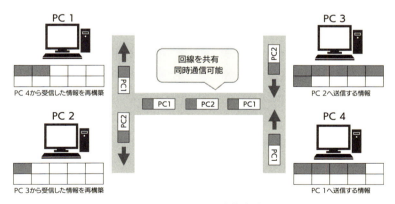

図 4.2　パケット交換方式

4.3 通信プロトコル

離れた場所にあるコンピュータ同士が，目的の異なる多様な通信を問題なく行うには，データのフォーマットや送受信の手順，エラー発生時の対応など様々な**規約**（ルール）を決めておく必要がある。こういった通信のための規約のことを，**通信プロトコル**（Communication Protocol，以下「プロトコル」という）と呼ぶ。

プロトコルと一言で言っても，具体的にはケーブルなど物理的なレベルから，通信データを用いて様々な処理を行うアプリケーションのレベルまで，様々な段階でそれぞれプロトコルが必要となる。こういったプロトコルがコンピュータやメーカによってバラバラだとネットワーク通信が容易に実現できないことから，物理的なレベルからアプリケーションレベルまで各プロトコルの標準化が進められることとなった[*2]。

最も広く使われている通信モデルは，**TCP/IP** である。TCP/IP は，正確にはインターネットにおける一連の通信プロトコルの体系（Internet Protocol Suite）であり，そのうち **TCP**（Transmission Control Protocol）と **IP**（Internet Protocol）という 2 つの代表的なプロトコルを合わせて，"TCP/IP" の名称で呼ばれている。現在インターネットへ接続するコンピュータは，TCP/IP に対応した実装が行われている。

TCP/IP の階層は，表 4.1 に示す 4 階層からなり，各階層ごとに様々な通信プロトコルが定められている。表 4.1 の階層モデルをもとに，以下にデータを送受信する流れを示す（図 4.3 参照）。

まずアプリケーション層で，アプリケーションごとに規定されたプロトコルにしたがった通信データを作成する。アプリケーション層の代表的なプロトコルに，Web ページを送受信する手順を定めた **HTTP/HTTPS** や，ファイル転送を行うプロトコルの **FTP**，電子メールの送受信の手順を定めた **SMTP** や **POP** などがある。

アプリケーション層で作成した通信データは，トランスポート層にて，インターネット上でメッセージを送受信するためのプロトコルに従ったデータの構成を行う。トランスポート層の代表的なプロトコルである TCP では，データをパケットに分割し，それぞれに通し番号をつけたり，パケットの欠損の有無をチェックする情報を付与したり，また送信先のどのアプリケーションにデータを渡すかを指定する情報を付加したり，といった処理が行われる。ここで付加する「どのアプリケーションに渡すかを指定する情報」は，番号で指定する仕様になっており，これを**ポート番号**（port number）と呼ぶ。よく使われるポート番号（well-known port numbers）として，HTTP であれば 80 番，POP であれば 110 や 995 など，主要なアプリケーション層プロトコルに対応するポート番号はあ

[*2] こうしてできた代表的なプロトコル体系の 1 つに **OSI 参照モデル**があるが，その高い汎用性に対して処理効率が悪いという問題点があり，現在はネットワークの基本モデルとして参照されるにとどまっている。

4.3 通信プロトコル

表 4.1 TCP/IP 階層モデル

階層	名称	役割
4	アプリケーション層	アプリケーション同士でデータのやりとりをするためのプロトコルを規定 実装例：HTTP, FTP, SMTP, POP3, IMAP
3	トランスポート層	通信相手まで確実に，効率良くデータを届けるためのプロトコルを規定 実装例：TCP, UDP
2	インターネット層	ネットワーク間のエンド・ツー・エンド(End-to-end)のプロトコルを規定 実装例：IP
1	ネットワーク インタフェース層*	直接接続された機器間の通信のためのプロトコル規定 実装例：Ethernet（LAN 規格），PPP

*リンク層またはデータリンク層とも呼ばれる。

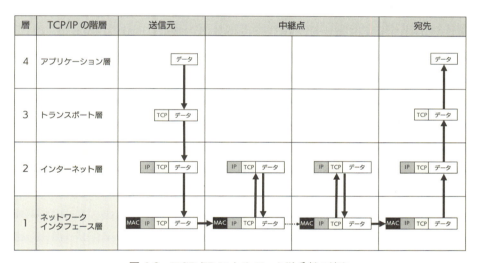

図 4.3 TCP/IP によるデータ送受信の流れ

らかじめ決まっているが，標準的でない通信プロトコルを利用する場合など，その都度自由に使って良いポート番号（private ports，49152〜65535）も用意されている。TCP の他，パケットの欠如チェックを省略して高速な通信を実現する **UDP** も，トランスポート層の主要プロトコルの一つである。

トランスポート層からインターネット層に渡されたデータには，LAN を超えた通信を提供するためのプロトコルに従い，異なるネットワーク上のどのコンピュータに対してデータを送るのか，といったエンド・ツー・エンド（通信経路の始点の端末から終点の端

末へ）の通信を実現するためのヘッダ情報を付与する．代表的なプロトコルである IP に従い付与されるヘッダ（IP ヘッダ）の内容は，送信元と宛先の **IP アドレス**であり，ネットワークを接続するルータがこの IP アドレスを手がかりにして，直近の送信先の振り分けを行う．IP アドレスの詳しい定義については，4.4 節で述べる．

ネットワークインタフェース層のプロトコルでは，パケットの転送について責任を負い，物理的，電気的な取り決めを管理する．代表的なプロトコルとして，LAN プロトコルには**イーサネット**（Ethernet），WAN プロトコルには **PPP**（Point-to-Point Protocol）がある．イーサネットでは，機器が固有にもつ番号である **MAC アドレス**により，同じネットワーク内の端末間での通信を実現する．

以上の 4 階層を経て構成されたデータが，物理的な通信回路を通って送信される．しかしネットワークインタフェース層では物理的につながるネットワーク範囲にしかデータを送信できないため，その外側へデータを送信したい場合は，一旦中継となるルータを経由する必要がある．ルータでは，一旦データをインターネット層に送り，パケット内の宛先アドレスをネットワーク転送表（ルーティングテーブル）と比較し，次のパケット送信先を決定した上で，ネットワークインタフェース層に返す．次の送り先でもまた同様に，一旦インターネット層で次の送り先を決定するという作業を繰り返して，最終的な宛先に到着するまでデータを転送していく．バケツリレーのように中継点を経由しながらデータを送っていく方法は，パケット交換方式とメッシュ状のネットワーク構造であるインターネット通信の大きな特徴でもある．途中の通信経路がつながらないときには，別の中継先に変えてパケットを迂回させて送ることも可能で，ネットワーク障害への耐性が高い仕組みとなっている．

宛先のコンピュータに到達したデータのパケットは，ネットワークインタフェース層からインターネット層にわたる．さらにトランスポート層でパケットからメッセージを取り出し，ヘッダ情報に付与された通し番号に従ってメッセージを再構成する．メッセージの再構成が終わると，同じくヘッダ情報に付与されたポート番号に従い，アプリケーション層の適切なアプリケーションにメッセージを渡し，送信完了となる．

8 bit	8 bit	8 bit	8 bit	→ 32 bit
1100 0000	1010 1000	0000 0001	0000 0001	
192.	168.	1.	1	

図 4.4 IP アドレス（version 4）の例

4.4 IP アドレス

IP アドレスは，TCP/IP で通信する機器を識別するためのアドレスを指す。IP アドレスは図 4.1 で示したインターネット層のプロトコルとして定義されており，インターネット上の通信機器には原則一意の IP アドレスが割り当てられている。

2025 年時点のインターネットでは，**IPv4**（Internet Protocol version 4）で定義された，32 bit の IP アドレスを使用するのが一般的である。人間が扱うときにはビット列では読み書きがしにくいので，8 bit ずつ区切ってそれぞれを 2 進法の数値と見立て，それを 10 進法にした 4 つの数字で IP アドレスを表現する（図 4.4）。

なお，IPv4 アドレス以外に，**IPv6** で定義された IP アドレスも存在する。こちらは IPv4 アドレスの 4 倍である 128 bit でアドレスを定義しており，人間が扱うときには 16 bit ずつ区切って 2 進法の数値と見立て，それを 16 進法にした数値表記を利用する。IPv4 アドレスは後述するようにアドレス割当の枯渇問題を抱えており，そこからの置き換えとして IPv6 アドレスが期待されており，既に一部では，IPv4 アドレスとの併用という形で IPv6 アドレスが実際に利用されている。

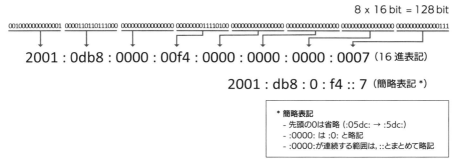

図 4.5　IPv6 の例

4.4.1　サブネットマスク

IP アドレスは，**ネットワークアドレス**と**ホストアドレス**から構成されている。32 bit のビット列を 2 つに分け，前半がネットワークアドレス，後半がホストアドレスになる。同じネットワークに属する機器に割り振られる IP アドレスは，ネットワークアドレスが同一であり，ホストアドレスのみが機器ごとに異なる。

なお，ビット列のどこまでがネットワークアドレスで，どこからがホストアドレスかを分ける境目は，固定ではない。そこで，境目を示す情報として**サブネットマスク**を合わせて利用する。IPv4 におけるサブネットマスクは，IPv4 アドレスと同様 32 bit のビット列であり，ネットワークアドレスの位置を連続する 1 のビットで，ホストアドレスの位置

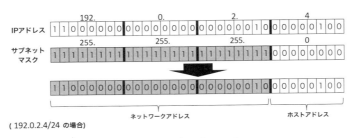

図 4.6 サブネットマスク

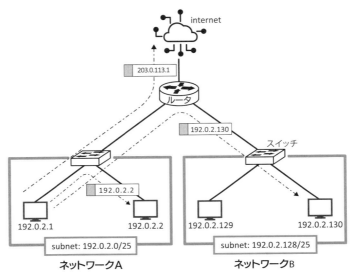

図 4.7 サブネットマスクとネットワークの識別

を連続する 0 のビットで表現する（図 4.6）。サブネットマスクは IP アドレスとビット毎の AND 演算をすることによってホストアドレスを隠す，すなわち「マスク」してネットワークアドレスを取り出すことができる。

人間が読み書きする表記法では，IP アドレスの後に，'/' 記号とそれに続く数字で，ネットワークアドレスが何 bit 分かを表現する。例えば図 4.6 の例であれば，「192.0.2.4/24」と表記し，前半 24 bit がネットワークアドレス，残り 8 bit がホストアドレスという意味になる。他に，サブネットマスクの 32 bit を IP アドレスと同様に 4 つの数値表記で「255.255.255.0」と表現することも多い。

サブネットマスクを利用することで，通信先の機器が通信元と同じネットワークに属しているかどうかを判断できる。図 4.7 の例で説明する。ネットワーク A（192.0.1.0/24）はサブネットマスクが/24 であり，前半 24 bit が同じ IP アドレスは同一ネットワーク内

4.4 IP アドレス

と判断され，機器間で直接通信ができる．一方，ネットワーク B (192.0.2.0/24) のようなネットワークアドレス部が異なる機器と通信する場合，パケットはまず直接接続しているルータに送信し，ルータは予め自身が所持する転送表を参考に，宛先 IP アドレスのネットワークアドレスを担うルータへパケットを転送する．対応するネットワークが転送表に見つからない場合は，インターネット（につながる直近のルータ）へパケットを転送する．

4.4.2 プライベート IP アドレス

IP アドレスは 32 bit なので，総計で約 42 億通りのアドレスが表現できる．原則世界で一意に識別できるものとして扱うアドレスであり（**グローバル IP アドレス**），その管理と割り当ては ICANN (Internet Corporation for Assigned Names and Numbers, アイキャン) を中心に行われており，割り当てられていない IP アドレスを勝手に使うことはできない．しかし，現在 IP アドレスはすでに枯渇状態，つまり新たに割り振る IP アドレスがほとんど残っていないと言われている．一方でインターネットに接続する機器は増加する一方であり，早晩枯渇してしまうことが懸念されていた．

この状況に対して，すべてのコンピュータがインターネットに直接つながる必要はないだろうということで，**プライベート IP アドレス**の仕組みが作られた．これは，ある特定の範囲の IP アドレス（表 4.2）について，ローカルのネットワーク内部でのみ有効な，つまり「プライベートな」IP アドレスとしたものである．プライベート IP アドレスは，ネットワークの内部で重複していなければ自由な利用が許されているが，一方でインターネットにその IP アドレスで直接通信することは禁止されており，直接パケットを送信しようとしてもルータで破棄されてしまう．

プライベート IP アドレスが割り振られたコンピュータがインターネット上のコンピュータと通信するためには，グローバル IP アドレスに変換する **NAT**（Network Address Translation）技術を利用する必要がある．通常 NAT は，プライベート IP アドレスを持つ複数の機器の通信を，共通のグローバル IP アドレス（いわば "代表アドレス"）に変換して通信を行う．そのため，通信相手からはそのネットワークから送られてくるパケットの送信元がすべて同一に見えてしまう．その結果，返信パケットを NAT が受け

表 4.2 プライベート IP アドレス

クラス	アドレスの範囲	サブネットマスク
クラス A	10.0.0.0 ～ 10.255.255.255	255.0.0.0
クラス B	172.16.0.0 ～ 172.31.255.255	255.240.0.0
クラス C	192.168.0.0 ～ 192.168.255.255	255.255.0.0

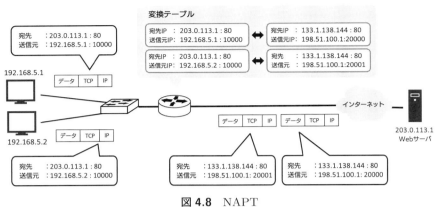

図 4.8　NAPT

取ったときに，もともと自ネットワークのどのプライベート IP アドレスとの通信だったのかわからなくなってしまう。そこで，実際には IP アドレスだけでなく，ポート番号も変換する **NAPT**（Network Address Port Translation）技術を利用する（図 4.8）。要は，プライベート IP アドレスをグローバル IP アドレスに変換する場合，送信元のマシン別に異なるポート番号を割り当てておく。通信相手からパケットが届いたとき，ポート番号を見て自ネットワーク内のどのマシン宛なのか特定し，適切なプライベート IP アドレスに変換してパケットを渡すことができる。

今日の教育機関では，ノートパソコンやスマートフォンの持ち込みも一般的になり，学内ネットワークに接続するコンピュータは増加する一方である。その状況において，学内のコンピュータにグローバル IP アドレスを割り振っていることはほとんどなく，組織内の部署ごとに異なるネットワーク部を持つプライベート IP アドレスを割り振っていることが一般的である。

4.4.3　DHCP

プライベート IP アドレスを利用することで，LAN 内のコンピュータ数が増加しても限られたグローバル IP アドレスで通信が可能となるが，それでも各マシンに IP アドレスを割り振るという作業が必要になる。組織内の管理者から割り振られた IP アドレスを個々のコンピュータに設定するという方法では，増加する一方のコンピュータに柔軟に対応することが困難である。

そこで，ネットワークに接続する際に自動的に IP アドレスを割り振る技術として使われる通信プロトコルが，**DHCP**（Dynamic Host Configuration Protocol）である。DHCP が利用可能なネットワークには，IP アドレスを割り振る DHCP サーバが存在する。そのネットワークにコンピュータ（DHCP クライアント）が接続する際，ネットワー

ク内に接続情報の取得要求のパケットを送ると，DHCP サーバがそれを検知し，接続に必要な IP アドレスやサブネットマスクなどの割り当て情報をクライアントに返す。返ってきた情報をコンピュータに自動設定することで，ネットワークでの通信が可能となるという仕組みである。割り当てた情報には有効期限を設けることもできるため，図 4.9 に示すように，期限を過ぎて利用されていない IP アドレスを新しく接続してきた別のコンピュータに割り振るなどの再利用も容易に行える。

インターネットに接続できないトラブルが起こった場合，実際はネットワーク内に DHCP サーバが見つからず利用可能な IP アドレスが割り振られていなかった，ということがある。この場合，パソコンは自身に適当な**リンクローカルアドレス**（IPv4 の場合，ネットワーク部が 169.254.0.0/16 の IP アドレス，インターネットへの接続不可）を設定しており，そこから DHCP サーバのトラブルが原因だと推測することもできる。

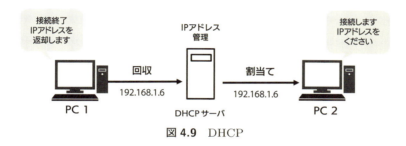

図 4.9　DHCP

4.5　DNS

インターネットでの情報伝達に欠かせないのが，DNS である。DNS とは Domain Name System の略称で，**IP アドレス**と**ドメイン名**の対応付けを管理する仕組みを指す（図 4.10）。

図 4.10　DNS の役割

インターネット上の通信では IP アドレスが必要であるが，IP アドレスの表記は数字の羅列であり，人間が宛先として扱うのは大変で覚えにくい上，IP アドレスは頻繁に変更される可能性もある。そこで，人間はドメイン名を使って通信先を覚えやすい文字列で指定できるようにし，ネットワーク内部ではそのドメイン名を IP アドレスに変換して通信

を行う。その仕組を実現するのが DNS である。

DNS は，ドメイン名空間と呼ばれる図 4.11 に示すような階層構造で表される。

ルート（root）と呼ばれる部分を頂点とし，トップレベルドメイン（TLD），セカンドレベルドメイン（2LD），サードレベルドメイン（3LD）といった階層で構成される。TLD は，「.com」「.org」「.net」といった分野別トップレベルドメイン（generic TLD, gTLD）と「.jp」「.cn」「.kr」「.us」といった国コードトップレベルドメイン（country code TLD, ccTLD）に大別される。日本の ccTLD である「.jp」のつくドメイン名は 4 種類あり，属性型（組織種別型）JP ドメイン名，都道府県型 JP ドメイン名，汎用 JP ドメイン名，そ

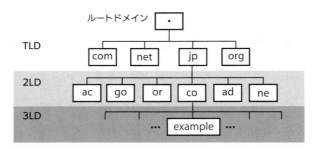

図 4.11 ドメイン名前空間

> **コラム：MAC アドレス**
>
> MAC アドレス（物理アドレス，イーサネットアドレスとも）は，ネットワーク機器が固有で持つアドレスであり，48 bit で表現する。表記上は，ビット列を 4 bit 単位で 16 進表記にした上で，2 桁ごとにコロンなどの記号で区切った形式（例えば，"00:00:5e:00:53:4e"）で表現する。
>
> MAC アドレスは機器固有であり，例えば同じ会社が販売する同一機種のネットワーク機器でも，製品ごとに MAC アドレスは重複しないよう割り振られている。そのため，IP アドレスに頼らない接続機器の識別に MAC アドレスを利用することも多い。もっとも，実際は MAC アドレスを論理的に変更可能な機器もあり，必ずしも世界で唯一であることが 100% 保証されるわけではない。
>
> MAC アドレスが（原則）世界唯一であるならば，IP アドレスでなく MAC アドレスをそのままインターネット通信におけるアドレスにすればよいではないか，とも思えるが，機器に依存しない "論理的" なアドレスである IP アドレスを使う方が，実際面での利点が大きい。例えば DHCP サーバを担うコンピュータがメンテナンスで代替機と入れ替えるとき，代替機が IP アドレスを引き継げば，他のコンピュータは機器の変更を意識せずサービスを継続利用することが可能である。しかし，もし MAC アドレスがネットワーク通信の唯一のアドレスだとすると，代替機の MAC アドレスをネットワーク内の全マシンに周知する処理が必要となり，さらにメンテナンス終了後にメインマシンに戻すときもまた同じ変更処理が必要となるため，効率が悪い。

図 4.12　URL の構成

して 2012 年 3 月 31 日で新規登録受付を終了した地域型 JP ドメイン名がある[*3]．例えば，属性型（組織種別型）JP ドメイン名である「ac.jp」の「ac」は"academic"の略であり，教育機関が取得できる．そのほかにも企業を表す「co.jp（"company"）」や政府機関を表す「go.jp（"government"）」などがある．図 4.12 に示すように「example.co.jp」というドメイン名であれば，「日本の企業のドメイン」ということを意味する．

4.6　暗号化技術

　ネットワーク上を流れるデータは，悪意のある第三者からの改ざんや盗聴の危険に常にさらされている．そのため，通信経路上のデータを暗号化する技術が活用されている．

　ここで**暗号化**とは，データの盗聴や改ざんを防止するために，元のデータを内容がわからない形に変換することをいう．通信するデータとは要するにビット列なので，"暗号化"とは，元のビット列を，何らかの規則に従って別のビット列に変換する処理のことを指す．またこのビット列を暗号化前のビット列に戻す処理を**復号**と呼ぶ．たとえ通信中に盗聴されても，暗号化されたビット列であれば元の内容がわからず，結果として情報が漏れることはない．また，暗号化したデータを改ざんした場合，そもそも元のデータに復号することができないため，改ざんされたことがすぐに分かる．

　コンピュータにおける情報の暗号化は，具体的には元のデータを表すビット列を，暗号化のための演算処理によって別のビット列に変換する．この際に演算処理のパラメータとして用いられるビット列を**暗号鍵**と呼ぶ．ちょうどビット列に専用の鍵をかけて，データの実体が見えないようにする，というイメージである．復号も，暗号化されたビット列を，演算によって元のビット列に変換する処理になる．復号処理でも暗号鍵を利用する

[*3] 一般社団法人 日本ネットワークインフォメーションセンター https://www.nic.ad.jp/

が，暗号化のときに利用したものとは異なる鍵を利用する場合もある．これについては後述する．暗号化の単純な例を図 4.13 に示す．暗号鍵を 3920451 という秘密の数字にした場合，もともとの数字（平文）に先ほどの秘密の数字を掛けた数を得ることが暗号化，暗号化された数を秘密の数字で割って元の数字に戻すことが復号，となる．暗号化されたデータは，秘密の数字，すなわち暗号鍵を知らないと元のデータがわからないため，これによってデータを秘密にやりとりしようという仕組みである．

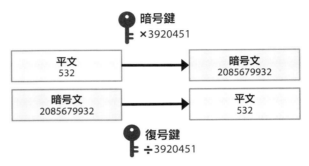

図 4.13　単純な暗号化の例

a. 暗号方式

暗号化の形態として，現在大きく分けて"共通鍵暗号方式"と"公開鍵暗号方式"がある．

共通鍵暗号方式は，暗号化と復号の両方の処理で，同じ暗号鍵を利用する方式である．データを暗号化する送り手と，データを復号する受け手で暗号鍵を秘密に共有することで，暗号鍵を持っていない第三者にはわからない状態で安全にデータをやりとりするという方法である．ただし，暗号鍵そのものが第三者に知られると，暗号化の意味がなくなってしまうというデメリットがある．そのため，安全を期するなら暗号鍵はオフラインでやりとりするなど，傍受されないようにしなければならない．

対して**公開鍵暗号方式**とは，暗号化と復号で使用する暗号鍵が異なる方式である．異なる暗号鍵はペアになっており，暗号化で用いた鍵とペアになる復号用の鍵でしか復号できない．2つのペアとなる暗号鍵は，それぞれ**公開鍵**と**秘密鍵**と呼ばれ，送り手と受け手では公開鍵のみ共有する．大抵の場合，受け手が公開鍵と秘密鍵を作成し，公開鍵のみを送り手と共有する．送り手は共有する公開鍵で暗号化したデータを送り，受信者は受け取ったデータを自分しか知らない秘密鍵を使って復号し，元のデータを得る（図 4.14）．

たとえ公開鍵が第三者に知られても，暗号化されたデータは対応する秘密鍵を知らない限り復号できない．そのため公開鍵はネットワーク上でのやりとりも可能であり，共通鍵のように秘密に鍵を共有する手段を考える必要がなく，安全にデータのやりとりができる

4.6 暗号化技術

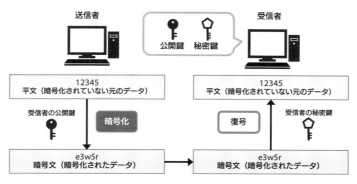

図 4.14 公開鍵暗号方式による情報のやりとり

という利点がある。一方で，共通鍵暗号方式に比べて演算処理が複雑なため，大きなデータを暗号化するのは負荷が大きいという欠点がある。

b. 暗号化通信

暗号化の仕組みを活用した通信技術の一つに，**TLS**（Transport Layer Security）がある。HTTP（WWW）での通信に使われている技術で，送信者と受信者で安全に鍵を共有することで，第三者が傍受できない形での通信を行う。前身である **SSL**（Secure Socket Layer）という名称で呼ばれたり，"TLS/SSL 通信" と記載することも多い。

Web ブラウザの URL のスキーム名が 'https' の場合，TLS による暗号化通信が行われている。その場合，以前はブラウザの URL 欄に暗号化通信を示すマークが表示されていたが，近年は暗号化通信が標準的な接続形態として，通信が暗号化されていない場合に警告を表示するようになっている（図 4.15）。ショッピングサイトなど，個人情報を入力するサービスを利用する場合は，TLS による暗号化通信かどうかを確認することが重要である[*4]。

図 4.15 非暗号化通信の警告

[*4] 暗号化通信はあくまで第三者の通信傍受を防ぐものであって，直接の通信先が詐欺サイトではないことを保証するものではない，という点に留意が必要。

引用文献および文献ガイド

[1] J.Glenn Brookshear (2017)『入門コンピュータ科学 IT を支える技術と理論の基礎知識』ASCII
[2] 河村進 (2003)『おうちで学べるネットワークのきほん』翔泳社
[3] 小泉修 (2002)『最新 図解でわかるサーバのすべて—LAN&インターネット』日本実業出版社
[4] 小林恭平・坂本陽 (2017)『イラスト図解式 この一冊で全部わかる Web 技術の基本』SB クリエイティブ
[5] 駒谷昇一ほか (2011)『IT Text（一般教育シリーズ）情報とネットワーク社会』オーム社
[6] 竹下隆史・村山公保・荒井透・苅田幸雄 (2007)『マスタリング TCP/IP 入門編』オーム社
[7] 村山公保 (2015) 『基礎からわかる TCP/IP ネットワークコンピューティング入門 第 3 版』サイエンス社

第5章 データリテラシー

第2章では社会におけるデータの利活用について説明した．本章では，データ利活用の際に求められるデータリテラシーとして，データ分析の基礎ならびに様々なバイアスに注意しつつデータを扱うための考え方について学ぶ．

5.1 データリテラシーとは

2.6節で紹介したデータ活用の現場におけるデータ分析と意思決定として，次の例を考えてみよう．

企業のデータ分析と意思決定によくみられる例

とある自動車メーカーが電気自動車の購入者に対してアンケート（回答者数1,263名）をとり

- 普段の趣味・嗜好
- 環境に対する意識
- 性別
- 年齢
- 年収

といった項目についてデータを分析した．その結果，環境意識が高く，最新技術に興味がある人が多いことがわかった．このメーカーではこの結果を受けて，今後，電気自動車販促のため，環境意識が高い層にアピールしていくことにした．

上記はよくある事例に見えるかもしれないが，データサイエンスの観点からはまずい点がある．もう少し論点を絞ると，上の分析にはある種の「バイアス」が入っている．見抜くことができるだろうか[*1]．これは典型的なデータリテラシーに関する問題であり，本章のテーマである．

本書では，基礎的なデータ分析に加えて，次に示すa, b, cの観点がデータリテラシーに含まれると考える（便宜上，これらを**データリテラシーコア**と呼ぶ）．

[*1] 解答は本章の最後，5.9.3項で与える．

まず，**a. 分析結果から過不足なく情報を読み取れること**。このデータからは，ここまでは言えるが，ここまでは言えないといった切り分けができないといけない。どんなに高度な手法を駆使したところで，分析結果を正しく読み取れなくては無意味である。

次に，**b. 示したいことと用意するべきデータとの整合性を正しく把握できること**。仮説を検証するために必要な構造化データを想定できないといけない。例えば，薬の効果を示したいなら，薬を投与するグループのデータだけでは検証できない。偽薬（プラセボ）を用いるグループも準備し，両グループから収集したデータを比較する必要がある。仮説を立てる際に，分析に必要なデータを正しく想定できなければ，見当違いな分析を行いかねない。

そして，a と b を前提にして，**c. 新たな課題に対し，データの集め方を設計できること**。新たな課題に取り組む場合，手元にあるデータ（自分たちが所有するデータやオープンデータ等）だけでは不十分なことも多く，設定した仮説を検証するために必要なデータを適切に収集する計画を立てる必要がある。「大量に取得できているデータならば，今，直面している問題の答えもその中にある」というのは単なる思い込みである。すでにここにバイアス（偏った見方）が入り込んでいる。既存のデータでは不十分な場合，大元のデータの発生源までさかのぼって，データの収集・記録方法を再検討する必要があることから，新たな課題に対し，適切にデータの集め方を設計できる力が求められる。

上の中で一番重要なのは項目 a である。分析結果から過不足なく読み取れない場合，示したいことと用意すべきデータがずれていても気づかない。それはデータ収集の設計ミスをもたらす。将来データサイエンティストを目指す，目指さないにかかわらず，分析結果から過不足なく読み取れるようにするべきである。

データリテラシーコアを身に着けるためには，単に事例を眺めるだけでは不十分であり，実際にデータ収集の設計や分析を実践するのが望ましい。そこで，本章では 5.2～5.4 節で構造化データ（特に 1～2 変量）に対する初等的な分析を学び，5.5 節で実際に Excel でデータ分析を実践する。本章の後半では，データリテラシーコアについて扱う。

5.2 構造化データに関する基本用語

構造化データに対する分析について扱う前に，構造化データに関する基本用語を確認する。なお，分析用データは CSV ファイル形式で提供されることが多く，Excel などの表計算ソフトで開くと図 5.1 のように表示される。そこで，本章で扱う構造化データは，このような表形式を想定する。

図 5.1 は架空の動画配信サイトで，ゲーム実況を行っている配信者の動画に関するデータを集めたもの（抜粋）である。第 1 行目は「ぽっけもん」というゲームの実況配信の動画であり，配信時間は 9023 [秒]（約 2 時間半），データ収集時点での（のべ）視聴回数

5.2 構造化データに関する基本用語

配信時間	視聴回数	高評価数	ゲーム種類
9023	262	34	ぽっけもん
4135	164	26	ぽっけもん
5301	180	28	ぽっけもん
9819	152	23	BPEX
〜	〜	〜	〜
7545	165	29	マイクラフト
7095	107	19	マイクラフト

図 5.1 表形式のデータの例

は 262 回，高評価数は 34 である．データの大きさ（観測値の個数）は，見出しを除いて 20 行ある．

各行には配信時間，視聴回数，高評価数，ゲーム種類の 4 つの項目があるが，この各項目のことを**変量**（**変数**）（あるいは次元）と呼ぶ．図 5.1 の例では変量が 4 つあるため，4 変量データ，あるいは 4 次元データとも呼ぶ．データの大きさは，4 変量データが 20 個あるため，**サンプルサイズ**（**標本数**）は 20 である（$n = 20$ などと記載する）．

データの表記については，文字で表す場合，サンプルサイズ n の 1 変量データを $x_1, x_2, \ldots, x_n$ のように表す．本書では $\{x_i\}_{i=1}^n$ のようにも表す．なお，添え字 i は便宜上の番号であり，並べ替えても問題ない．また，列を入れ替えてもデータとしては同じである．同様に，2 変量データは $(x_1, y_1), (x_2, y_2), \ldots, (x_n, y_n)$ もしくは $\{(x_i, y_i)\}_{i=1}^n$ のように書く．例えば，4 変量データである図 5.1 の場合は，(9023, 262, 34, ぽっけもん), (4135, 164, 26, ぽっけもん) ... のように表す．

データの種類については，様々な分類方法がある．簡単なものとして，**質的変数**と**量的変数**がある．質的変数は分類や種類といった区分，順位などの順序を表すもので，図 5.1 のゲーム種類の変量が質的変数である．量的変数は配信時間，視聴回数，高評価数の変量のような量を数値で表せるものである．ただし，質的変数は数値に置き換えることも多いため，各データの値が数値であっても量的変数とは限らない．

また，表 5.1 に示す 4 つの尺度で分類することもできる．質的変数は，特定の順番がなく区分のみに用いられる**名義尺度**と間隔に意味はないが，順序に意味がある**順序尺度**に分かれる．図 5.1 のゲームの種類は名義尺度である．また，アンケートでの段階的な評価（例：1: そう思う，2: どちらともいえない，3: そう思わない）のようなものは順序尺度である．

表 5.1　測定尺度

種類	尺度	説明	例
質的変数	名義尺度	順序に意味がなく単に区分するだけのデータ	血液型, 性別, 病因
	順序尺度	間隔に意味がないが, 順序に意味があるデータ	順位, 満足度, 段階評価
量的変数	比率尺度	絶対的な原点が存在する等間隔に並ぶデータ	身長, 収入, 反応時間
	間隔尺度	絶対的な原点が存在せず間隔のみ意味をもつデータ	温度, 時刻, 偏差値

　量的変数は，相対的な差のみに意味がある**間隔尺度**と絶対的な原点をもち，差だけでなく比率にも意味がある**比率尺度**に分かれる。例えば，温度は摂氏と華氏の両方で表現できるが，双方の原点は異なり，間隔のみが意味をもつ。このような尺度が間隔尺度である。図 5.1 の配信時間，視聴回数，高評価数は比率尺度である。

コラム：構造化データの次元が解釈によって変わるケース

　データの次元やサンプルサイズは絶対的なものではなく，解釈によって違ってくる。例えば，表 5.2 の (a) はある動画投稿サイトに投稿された 5 本の動画のある時点での視聴回数を記録したものである。動画の違いを区別しないのであれば，サンプルサイズ $n=5$ の 1 変量データだが，別系統の動画とみて，サンプルサイズ $n=1$ の 5 変量データと考えることもできる。さらに，データの発生源までさかのぼって考えるなら，表 5.2 の (b) のような各ユーザごとに動画の視聴回数を記録した構造化データの集計結果とみることもできる。表 5.2 の (a) では動画 B は視聴回数が 99 回と一番多いが，実は特定の人だけがたくさん視聴していることが (b) からわかる。インターネット上で私たちが眺める多くのデータは (b) のようなデータの集計結果に過ぎない。特に外部から公開データのみで分析する場合，このような情報の欠落には注意するべきである。

表 5.2　投稿動画の視聴回数の背後にある構造化データ

動画	視聴回数
A	67
B	99
C	12
D	20
E	41

(a) ある動画投稿サイトにおける動画の視聴回数

ユーザID	A	B	C	D	E	...
201234	0	1	0	1	0	
155678	2	25	1	0	1	
145999	0	1	1	0	1	
⋮	⋮					
243001	1	30	0	1	0	

(b) 動画の視聴回数の背後にある構造化データ（ユーザからは非公開のことが多い）

5.3 1変量データの分析

5.3.1 1変量データ（質的）の分析

1変量データ（質的）の分析は，名義尺度が細かく分かれていない場合を除くと容易である。それぞれのカテゴリの観測値の個数（**度数**もしくは**頻度**）を調べる。例えば，図5.1の「ゲーム種類」の場合は，3種類のカテゴリそれぞれの度数を数える。また，サンプルサイズ n で割ったものを**相対度数**もしくは**相対頻度**と呼ぶ。

可視化の方法として代表的なものは，円グラフや棒グラフがある[*2]。なお，名義尺度が細かく分かれている場合は，それらの整理統合が必要になる（2.5.1項を参照）。

5.3.2 1変量データ（量的）の分析

a. ヒストグラム

1変量データ（量的）の分布の様子を明らかにするために，度数分布表やヒストグラムによる可視化が用いられる。図5.1のうち，配信時間（1変量データ）を取り出して，度数分布表にした例を図5.2の左に示す。質的変数の場合とは異なり，観測値が取りうる値の範囲を**階級**に分け，各階級に入る度数を数える。例えば図5.2は，階級を2000[秒]ずつに分け，各階級に入る度数を数えている。

度数分布表の各階級を棒グラフとして描いたのが，ヒストグラムである（図5.2の右）。**ヒストグラム**は1変量データ（量的）の分布の様子を視覚的に表現するもっとも基本的なグラフである。

ヒストグラムは図5.3に示したような4つのパターンのいずれかになることが多い。

配信時間[sec]の度数分布表

階級		度数	相対度数
以上	未満		
0 ～	2000	0	0
2000 ～	4000	1	0.05
4000 ～	6000	2	0.10
6000 ～	8000	2	0.10
8000 ～	10000	6	0.30
10000 ～	12000	4	0.20
12000 ～	14000	5	0.25
総計		20	1

図5.2 ヒストグラムの作成

[*2] パレート図など，その他の方法は文献[4], [5]を参照されたい。

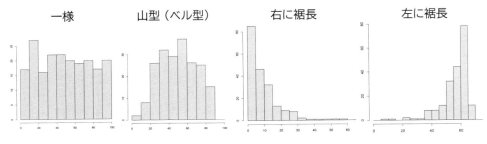

図 5.3 ヒストグラムの基本 4 パターン

一方で，例えば，男性と女性の区別をなくして 20 代の日本人の身長データをヒストグラムに描くと 2 つのピークが出現する。このように，図 5.3 とは違う形状（特に複数のピーク）が見える場合は本質的に異なる複数のデータが混ざったものである可能性が高い。その場合，複数のデータに分ける（層別）可能性を検討するべきである（層別の例は 2.5.1 項を参照）。

ヒストグラムで難しいのは階級の幅の設定である。階級の幅が大きすぎると分布の様子がわかりづらいし階級の幅が小さすぎると度数が 0 になる階級が増えて，分布の特徴が捉えづらくなる。適切な階級の幅は目安となる公式もあるが，基本は 1 変量データの意味，背景も踏まえ調整することが重要である。

b. 代表値

1 変量データ（量的）の分布の様子を表す量は要約統計量（基本統計量）と呼び，様々な量が知られている。まずは集団の中心的な傾向を示す値である**代表値**（averages）について紹介する。

平均値

量的変数の代表値として，**平均**（mean）が用いられることが多い。一般的に用いられる算術平均は以下のように定義される。これ以降，標本の平均を指す場合には n を省略して $\bar{x}$ を使う。

$$算術平均 \quad \bar{x}_n \equiv \frac{x_1 + x_2 + \cdots + x_n}{n} = \frac{1}{n}\sum_{i=1}^{n} x_i$$

中央値

中央値（median）は，1 変量データを昇順に並べ替えたもの（**順序統計量**と呼ぶ）のちょうど中央に位置する観測値の値である。サンプルサイズが n の 1 変量データ $x_1, x_2, \ldots, x_n$ を昇順に並べ替えた順序統計量を $x_{(1)}, x_{(2)}, \ldots, x_{(n)}$ $(x_{(1)} \leq x_{(2)} \leq \cdots \leq x_{(n)})$ とする

とき，n が奇数の場合は $(n+1)/2$ 番目のデータを中央値に，偶数の場合は $n/2$ 番目のデータと $(n+2)/2$ 番目のデータの算術平均を中央値とする．

n が奇数　　$x_{((n+1)/2)}$

n が偶数　　$\dfrac{x_{(n/2)} + x_{(n/2+1)}}{2}$

最頻値

最頻値（mode）は，ヒストグラムで最大度数をもつ階級の階級値のことである．度数の大きな階級が 2 つ以上ある場合（複数のピークが出現），代表値として有効ではない．

c. 散らばり

次に，観測値の散らばりを捉えるための数値について紹介する．

四分位点（四分位数）

より詳細に観測値の散らばりを捉えるために，**分位点**（または分位数）がある．分位点とは，データの相対的位置をみるために用いる数値のことで，順序統計量を等分したときの境界となる値のことである．

よく使用されるものとして，**四分位点**（四分位数）があり，最初の境界点（25% 分位点）を第 1 四分位点（Q_1），次の境界点（50% 分位点）を第 2 四分位点（Q_2），次の境界点（75% 分位点）を第 3 四分位点（Q_3）と表す．第 2 四分位点は中央値と同値である．

分布の存在する範囲を示すものとして，最大値と最小値の差として定義される**範囲**（range）があるが，範囲は極端に大きい値や小さい値（**外れ値**）が含まれていた場合，大きな影響を受ける．そのため，外れ値の影響を避けるために，$Q_3 - Q_1$ によって定義される**四分位範囲** (interquartile range, **IQR**) を用いることが多い．外れ値があると平均や標準偏差は大きく影響を受けるが，順序統計量に基づいた量，例えば，中央値や四分位範囲はあまり影響を受けない．

箱ひげ図

複数グループのデータの分布を比較する際によく用いられるグラフとして，**箱ひげ図**がある．箱ひげ図は最小値，Q_1, Q_2, Q_3，最大値の 5 つの値（5 数要約と呼ぶ）を図 5.4 のように視覚的に表現したものである．図 5.4 の箱部分は Q_1 から Q_3 の値であり，データ全体の上位 25% から下位 25% までちょうど半数が入る．箱の内側の線が中央値であり，箱の外側に伸びているヒゲ部分が最小値，最大値を表している．5 数要約によりヒストグラムよりも簡易的に分布の様子が見て取れる．

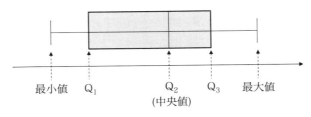

図 5.4　箱ひげ図

分散と標準偏差

データの散らばりの程度を数値化する際，各データ x_i の平均からのずれに注目することも多い。各観測値 x_i から平均 $\bar{x}$ を引いた差（$\Delta x_i = x_i - \bar{x}$）を **偏差**（deviation）と呼ぶ。偏差は定義から正負両方の値をとり，総和もしくは平均は 0 になる。そこで，平均からの散らばり具合（ばらつき具合）を見積もる際には，偏差を 2 乗した値の平均した**標本分散**を求めることが多い。なお，理論的な理由から n ではなく $n-1$ で割った量（**不偏分散**と呼ばれる）が使われることも多い。

標本分散　　$S_x{}^2 = \dfrac{1}{n}\sum_{i=1}^{n}(x_i - \bar{x})^2$

分散は観測値を 2 乗しているため，観測値と測定単位が変わり，解釈が難しくなる。そこで，分散の正の平方根をとり，単位をそろえたものを**標準偏差**（standard deviation）と呼ぶ。なお，ばらつきを表現する量としては偏差の絶対値の平均（平均偏差）を考えることもできる。

標準偏差　　$S_x = \sqrt{S_x{}^2}$

関連する話題として，最後に標準得点と変動係数を説明しておく。複数の分布（分布の中心の位置が全く異なる場合など）を比較したい場合，各偏差を標準偏差で割った量である**標準得点**に変換したデータ同士で比較することもある。$\{z_i\}_{i=1}^n$ は平均が 0，標準偏差が 1 になるように変換したデータである。いわゆる偏差値は $50 + 10 \times z_i$（平均を 50，標準偏差を 10 に変換）によって得られる。

標準得点　　$z_i = \dfrac{x_i - \bar{x}}{S_x}$

比率尺度など正の値をとるデータの場合は，異なるデータのばらつき具合を比較する量として，標準偏差を平均値で割った**変動係数**を用いることもある。

変動係数　　$\dfrac{S_x}{\bar{x}}$

5.4 2変量データの分析

2変量データの分析の基本は2つの変量の関係性を把握することである。質的変数と量的変数からなる場合は，質的変数で複数のカテゴリに分けて層別することで1変量データの分析に帰着できる。そこで，2変量がともに量的変数の場合，ともに質的変数の場合に分けて関係性を把握する方法を紹介する。

5.4.1 2変量データ（量的）の分析

a. 散布図

2変量データ $\{(x_i, y_i)\}_{i=1}^{n}$ の2変量がともに量的変数の場合，横軸に x，縦軸に y をとって各データに相当する点を打ち，散布図として表現することができる。図5.5の3つの図は，平均 $(\bar{x}, \bar{y})$ が原点になるように散布図を描いている。左側の散布図は相関がみられないが，中央の散布図は x が平均より大きい場合は y も平均より大きくなり，x が平均より小さい場合は y も平均より小さくなっている。このような傾向があるとき，x, y には**正の相関**があるという。右側の散布図は逆の傾向をもち**負の相関**があるという。一般的に相関関係は，数学的な取り扱いのしやすさや解釈のしやすさから，$y = ax + b$ のような直線状の関係性に着目する。y の値が x の値によってある程度決まる場合，x, y には**強い相関関係**があるという。

b. 相関係数

正の相関や負の相関を定量的に評価する指標もある。x, y に正の相関があると考えられる図5.5の中央の散布図で詳しく考えてみる。正の相関がある場合，太線枠で囲んだように，中心 $(\bar{x}, \bar{y})$ を原点として第1象限と第3象限に点が多いことがわかる。これは $x_i - \bar{x} > 0$ かつ $y_i - \bar{y} > 0$ および $x_i - \bar{x} < 0$ かつ $y_i - \bar{y} < 0$ を満たすデータ点が多いことを意味する。逆に，負の相関がある場合（図5.5の右側）は，第2象限と第4象限に点が多い。こうした特徴を表す指標として，**共分散**がある。共分散は，2変量のそれぞれの

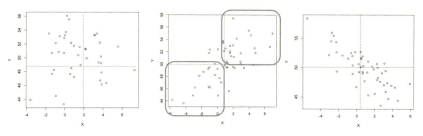

図 5.5 散布図（左から相関なし，正の相関，負の相関）

偏差の積 $(x_i - \bar{x})(y_i - \bar{y})$ の平均で，正の相関がある場合は $S_{xy} > 0$，負の相関がある場合は $S_{xy} < 0$ となる．

共分散 $$S_{xy} = \frac{1}{n}\sum_{i=1}^{n}(x_i - \bar{x})(y_i - \bar{y})$$

同じ変数の単位をもつ 2 変量であれば共分散でもよいが，異なる単位をもつ 2 変量のペアで相関の強さを比べる場合は単位をそろえる必要がある．そこで，x, y の相関を見る上では x, y の標準偏差で割った**相関係数**を用いる．相関係数は常に $-1 \leq r_{xy} \leq 1$ の範囲で値を取り，r_{xy} が -1 に近づくほど負の相関が強く，0 に近いほど無相関に，1 に近づくほど正の相関が強いことを表す．

相関係数 $$r_{xy} = \frac{\frac{1}{n}\sum_{i=1}^{n}(x_i - \bar{x})(y_i - \bar{y})}{\sqrt{\frac{1}{n}\sum_{i=1}^{n}(x_i - \bar{x})^2}\sqrt{\frac{1}{n}\sum_{i=1}^{n}(y_i - \bar{y})^2}} = \frac{S_{xy}}{S_x S_y}$$

c. 相関係数の注意点

なお，相関係数はあくまで相関の強さを表す一つの量に過ぎない．絶対値が 1 に近い値をとることは，散布図で見たときに直線状の傾向が見えることを意味するに過ぎず，因果関係があるとは限らない．また，平均と同じく，外れ値に引きずられることや 2 変量データを層別した場合，層別した各グループの相関の強さと全体での相関の強さが無関係であることにも注意する．例えば，図 5.6 の 2 枚は，2 つのグループ A，B の 2 変量データを同じ散布図にまとめたもので**層別散布図**などと呼ぶ．図 5.6 の左は，全体のデータでの相関は 0.26 だが，グループ A のみの相関係数は 0.87，グループ B のみの相関係数は -0.89 であり，それぞれ強い正の相関，負の相関をもつ．一方，図 5.6 の右は，グループ A は相関係数 0.06，グループ B は相関係数 0.12 で相関はほとんどないが，全体の相関係数は 0.76 となり強い正の相関をもっている．

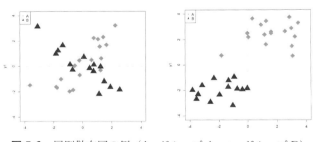

図 5.6 層別散布図の例（◆: グループ A，▲: グループ B）

5.4.2 2変量データ（質的）の分析

a. 二元分割表

2変量データ（質的）の分析は，各カテゴリについて集計した結果を表にまとめることが基本である．表 5.3 は，ある病気 K にかかった患者について男女別で重症化とそれ以外の人数（架空）を集計したものである．このような表を**二元分割表**と呼ぶ．

表 5.3 ある地域における病気 K の患者数

	重症化	重症化しない	合計
女性	60	100	160
男性	10	30	40
合計	70	130	200

表 5.3 は女性の方が重症化率が高そうに見えるが，2つの変量（性別と重症化しやすさ）の関連の強さを**オッズ比**を用いて定量的に確認することができる．オッズ（odds, 見込み）とは，ある事象が起きる確率と起きない確率の比を意味し，オッズ比は2つのグループでのオッズの比である．二元分割表を表 5.4 のように各項目ごとに集計した値を a, b, c, d と文字で表したとき，オッズ比は以下の式で定義される．

$$\text{オッズ比} \quad \frac{(\frac{a}{a+b})/(\frac{b}{a+b})}{(\frac{c}{c+d})/(\frac{d}{c+d})} = \frac{a/b}{c/d} = \frac{ad}{bc}$$

変数間に関係がない（独立している）場合，$a:b = c:d$ が成立していると考えられるため，一般にオッズ比が1に近ければ関連性は弱く，1より小さいもしくは大きい場合は関連性が強いと考える．表 5.3 の例は，オッズ比を計算すると 1.8 となり，女性の方が男性に比べて 1.8 倍重症化しやすいといえる．

なお，オッズ比は数値のばらつき具合は考慮していない．例えば，$n = 10$ と $n = 10000$ でのオッズ比が2だった場合に後者の方が信頼できる結果だが，その点は考慮されていない．こうした問題への対処方法は推測統計で学ぶ（仮説検定を用いる）．

表 5.4 ある地域における病気 K の患者数（一般の数値）

	重症化	重症化しない	合計
女性	a	b	$a+b$
男性	c	d	$c+d$
合計	$a+c$	$b+d$	$n(=a+b+c+d)$

b. 三元分割表

一般に3変量以上の多変量データ（質的）の分析は1変量，2変量に比べると急激に難しくなる．ここでは簡単な例で，2変量の分析に帰着させる方法のみ説明する．

とある大学では地域の食文化について学ぶ授業で，新入生100名（無作為抽出）に3つの項目（性別・生育地・紅しょうが天を食べるかどうか）について，それぞれ2択でアンケートをとった．紅しょうが天は関西でよく食べるが，他の地域ではほとんど食べないことも多い．表5.5に集計結果をまとめた（表5.5のような表を三元分割表と呼ぶ）．

表 5.5 3変量データ（質的）の集計例（三元分割表）

性別	生育地	紅しょうが天		合計
		食べる	食べない	
男	関西	22	5	27
	非関西	9	14	23
女	関西	22	3	25
	非関西	13	12	25
合計		66	34	100

三元分割表の分析としては，2変量のペア（(性別, 生育地)，(性別, 紅しょうが天)，(生育地, 紅しょうが天)）について関連性の強さを比較することが考えられる．表5.5から(生育地, 紅しょうが天)の2変量データについて二元分割表を作ると表5.6のようになり，例えば，オッズ比を求めることができる．他のペアについても同様に行えばよい．

表 5.6 生育地と紅しょうが天に関する二元分割表

生育地	紅しょうが天		合計
	食べる	食べない	
関西	44	8	52
非関西	22	26	48
合計	66	34	100

カテゴリの数が多いと三元分割表から二元分割表を作ることも煩雑な作業に見えるかもしれないが，集計前の構造化データで考えるとシンプルな操作である．表5.6は図5.7の左側にあるような3列のデータから「性別」に関するデータ列を落とした2列（図5.7の右側）について集計したものになっている．多変量データの分析では注目する変量だけ残して考えることも多いが，一般に情報が失われている（**情報の縮約**）可能性に注意する．

5.4　2変量データの分析

	3変量データ (元々のデータ)				2変量データ		
No	性別	生育地	紅しょうが天	No	性別	生育地	紅しょうが天
1	1	1	1	1	1	1	1
2	0	1	1	2	0	1	1
3	1	0	0	3	1	0	0
4	1	1	1	4	1	1	1
5	0	1	0	5	0	1	0
6	1	1	1	6	1	1	1

図 5.7　3変量を2変量に落とす（情報の縮約）

c. 交絡変数の検討

情報の縮約の可能性を想定することが重要な例を最後にとりあげる。

宅配ピザに関するアンケート

とある調査会社ではある地域の登録会員に対し宅配ピザに関するアンケートを行った。分析を担当したQさんは，表5.7に示す二元分割表を作ってオッズ比を求め，ペットの有無と宅配ピザ利用について強い相関を発見した。ペットを飼っている人ほど宅配ピザを利用しているように見える。

表 5.7　宅配ピザをよく利用するか否かとペットの有無に関する二元分割表

	よく利用	それ以外	合計
ペットあり	210	90	300
ペットなし	90	210	300
合計	300	300	600

このアンケートでは，登録時の情報から回答者の属性（性別や年代，家族構成，ペットや住居など）も事前に取得できており，今回の宅配ピザに関するアンケート結果と結びつけて整理している。宅配ピザに関する回答は「よく利用する」，「それ以外」（あまり利用しない・全く利用しない）の2種類で分けることにする。Qさんが計算したペットの有無と宅配ピザのオッズ比は約5.4である。この結果をどう解釈すればよいだろうか。

5.4.1項でも強調したように関連性を評価する量は，あくまで2つの変量に絞ったときの関係性を数値で捉えているに過ぎない。今の例でオッズ比が1より大きいことは直接的な関連を示唆するわけではない。

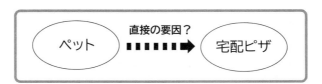

図 5.8 関連性が示唆されたとき

　仮に，ペットの有無のみで宅配ピザをよく利用する割合が大きく変化するのであれば，ペットを飼っている人たちと飼っていない人たちでペットの有無以外に大きな違いがないはずである。言い換えると「この2つの集団において他に何か，重要な違いがないだろうか」という問いかけを立てることが重要である。例えば，家族と暮らしている人（同居人あり）と一人暮らし（同居人なし）でペットを飼っている割合に違いがあるとしよう。その場合，同居人がいるか否かが宅配ピザの利用にも大きく影響を与えているのではないか，という仮説が出てくる。

　もともとのアンケートデータに戻って考えると3変量目に同居人の有無を追加して3変量データにできる（図5.9）。再集計すると表5.8のような三元分割表になる。

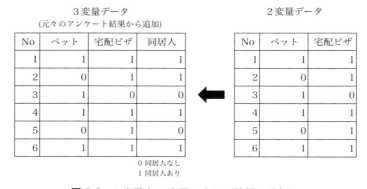

図 5.9 2変量を3変量にする（情報の追加）

表 5.8 3変量データの集計結果

同居人	ペット	宅配ピザ		合計
		よく利用	それ以外	
同居人あり	あり	200	40	240
	なし	50	10	60
同居人なし	あり	10	50	60
	なし	40	200	240
合計		300	300	600

5.4 2変量データの分析

まず，5.4.1項と同様の層別を行ってみよう．今の例では，同居人ありとなしの2つに分けてデータを抽出するが表5.8の中の上側と下側に二元分割表が既に見えている．それぞれについてオッズ比を求めるとどちらも1，つまり，ペットの有無と宅配ピザは全く関連がないことがわかる（これは図5.7の縮約とは違う．3次元図形でいえば射影ではなく断面をみている）．

今度はペットの有無を落として，同居人と宅配ピザについて二元分割表を改めて作り直してみよう．表5.9の二元分割表ではオッズ比が25となり強い関連性があることが示唆される．もし，アンケートの調査方法において同居人ありとなしの2つの集団に分けたとき，宅配ピザの利用に関わりそうな重要な違いが他にないようであれば，同居人の有無が宅配ピザの利用に直接，影響を与えていると解釈できる．それは，少なくともペットを飼っているかどうかを要因とするよりもはるかに自然な解釈であろう．

表 5.9 宅配ピザの利用と同居人に関する二元分割表

	よく利用	それ以外	合計
同居人あり	250	50	300
同居人なし	50	250	300
合計	300	300	600

まとめると，2つの変量（質的）の分析で変量間に関連性が見えた場合は結果の解釈を考える．そして，図5.8のように直接的な因果関係に対し疑問がある場合は，図5.10のように別の3番目の変量が影響を与えている可能性を検討する．このような3番目の変量のことを**交絡**（こうらく）**変数**という．

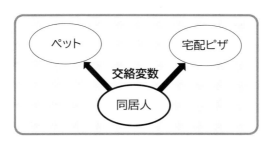

図 5.10 強い関連性を説明する3番目の変量（交絡変数）

2変量データだけを見ても交絡変数はわからない．交絡変数を探す上でキーになるのは，要因に見える要素（上の例ではペットの有無）が異なる2つの集団同士で公平な比較になっているかどうかである．もし，公平ではない，つまり，他にも2つの集団に違いがありそうな場合はその点について，3変量目を追加したデータを準備して検証する．

5.5 表計算ソフトによる実践

本節では，5.3〜5.4節で学んだ1変量データ（量的）と2変量データ（量的）について，表計算ソフトによる基礎的な分析を学ぶ。

表計算ソフトにはExcelを使用する[*3]。事前準備として，以下の手順に従って，Excelアドインの分析ツールを有効にする。

分析ツールの設定

1. Excelを起動後，[**ファイル**]タブから[**オプション**]をクリックし，[**アドイン**]カテゴリをクリックする。
2. [**管理**]ボックスの一覧の[**Excel アドイン**]をクリックし，[**設定**]をクリック。
3. [**アドイン**]ボックスで[**分析ツール**]チェック ボックスをオンにし，[**OK**]をクリック（図5.11）。

図 5.11 分析ツールの設定

5.5.1 1変量データ（量的）の基礎的な分析

a. 要約統計量の計算

ここでは，架空の投稿動画の一週間ごとの視聴回数を約2年分記録した1変量データ（$n = 100$）を用いて，Excelを使った要約統計量（平均と標準偏差）の計算方法について学ぶ。また，度数分布表とヒストグラムの作成方法についても確認する。

ファイルを開く

分析に使用するデータ（`chap5_sample1.xlsx`の`ex1`シート）を開く。対象のファイルをダブルクリックするか，以下の手順でファイルを開く。

1. [**ファイル**]タブから[**開く**]をクリックする。
2. [**参照**]をクリックし，開きたいファイルを選択する。
3. セル`A1`からセル`A100`に数値が入力されたワークシートを含むブックが開く。

[*3] サンプルファイルは本書のWebサイト（まえがきを参照）からダウンロードできる。掲載のワークシートはExcel 2016で動作を確かめている。本節の理解にはExcelの基本的な知識を前提としているため，Excelの基本機能については，各種の資料・関連書を参考にしてほしい。

平均と標準偏差の計算

次に，読み込んだデータの平均と標準偏差を求める。Excel では表 5.10 に示す要約統計量に関する関数が用意されており，平均値は AVERAGE 関数を，標準偏差（標本分散の平方根）は STDEV.P 関数を用いる。

表 5.10 要約統計量に関する Excel 関数（A1:A100 のデータを用いた例）

説　明	関　数
平均値（算術平均）	AVERAGE(A1:A100)
標準偏差（標本分散の平方根）	STDEV.P(A1:A100)
合計値	SUM(A1:A100)
中央値	MEDIAN(A1:A100)
最頻値	MODE.MULT(A1:A100)
最小値	MIN(A1:A100)
最大値	MAX(A1:A100)

1. 平均の値を表示したいセル（セル C2）を選択する。
2. ［数式］タブで［関数の挿入］を選ぶ。
3. ［関数の挿入］ダイアログボックスが表示されるので，AVERAGE を選ぶ。
4. ［関数の引数］ダイアログボックスが表示されるので，平均を求めるセル範囲をマウスで選ぶ。
5. ダイアログボックスで［OK］を押すとセル C2 に平均値が返される。
6. 標準偏差の値を表示したいセル（セル C3）を選択する。
7. ［数式］タブで［関数の挿入］を選ぶ。
8. ［関数の挿入］ダイアログボックスが表示されるので，STDEV.P を選ぶ。
9. ［関数の引数］ダイアログボックスが表示されるので，標準偏差を求めるセル範囲をマウスで選ぶ。
10. ダイアログボックスで［OK］を押すとセル C3 に標準偏差が返される（図 5.12）。

図 5.12 平均と標準偏差の計算

演　習

1. 「合計値」「中央値」「最頻値」「最小値」「最大値」も求めよ。

b. ヒストグラムの作成

Excel2016 以降ではデータからヒストグラムを直接描くこともできるが，デフォルトの設定が適切とは限らない。そこで，度数分布表を作成してから棒グラフの描画によってヒストグラムを作成する方法について学ぶ。

度数分布表の作成

1. 階級幅は5とし，セル B3 からセル B9 に $30, 35, \ldots, 70$ を入力する。
2. 次に，[**データ**] タブから [**データ分析**] を選ぶ[*4]。
3. [**データ分析**] ウィンドウが表示されるので [**ヒストグラム**] を選ぶ。
4. [**ヒストグラム**] ウィンドウが表示されるので，[**入力範囲**] には元のデータが入っているセル（セル A1 からセル A100），[**データ区間**] は上で設定した階級（セル B3 からセル B9）を選択する。[**出力先**] には，度数分布表を表示する場所（例えば，セル D1）を指定し，最後に [**OK**] を押す。
5. 図 5.13 のように指定した場所に度数分布表ができる。

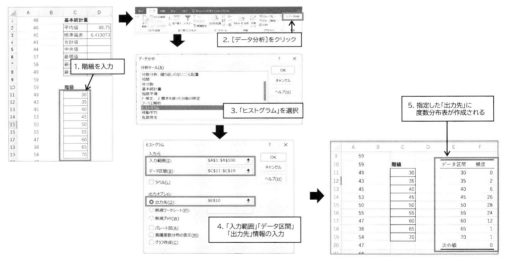

図 5.13 度数分布表の作成

[*4] Office365 の場合，[**ホーム**] タブにも [**データ分析**] があるが，異なるので注意する。

ヒストグラムの作成

次に，作成した度数分布表を用いてヒストグラムを作成する。ヒストグラムは値が連続しているため，棒同士のすきまがないように調整する。

1. 作成した度数分布表の「頻度」列のデータ（E2:E10）を選択し，[**挿入**] タブの [**縦棒グラフまたは横棒グラフ**] アイコンを選択する。グラフのオプションが表示されるので [**集合縦棒**] を選択する（図 5.14）。

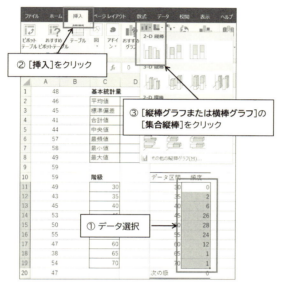

図 5.14 棒グラフの作成

2. 棒グラフがワークシートに挿入されるので，以下のいずれかの方法で [**データ系列の書式設定**] ウィンドウを表示する。
   (a) データ系列（棒グラフ）をダブルクリックする。
   (b) データ系列を右クリックし，表示されたメニューから [**データ系列の書式設定**] を選択する。
   (c) データ系列を選択し，ツールバーの「書式」タブの左端にある [**選択対象の書式設定**] を選択する。
3. [**データ系列の書式設定**] メニューが表示されるので，[**系列オプション**] の [**要素の間隔**] の数値を小さくする（図 5.15）。
4. グラフや枠線の色は，同じ [**データ系列の書式設定**] メニューの [**塗りつぶし・枠線**] の設定で変更する。

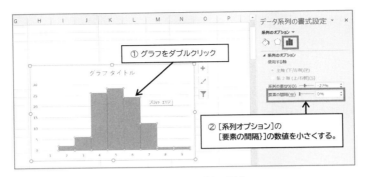

図 5.15　グラフ幅の調整

5. 次に，以下のいずれかの方法で［**データソースの選択**］ウィンドウを表示する。
   (a) グラフを選択し［**グラフのデザイン**］タブの［**グラフデータの選択**］をクリックする。
   (b) グラフを右クリックし，表示されたメニューから［**データの選択...**］を選択する。
6. 表示された［**データソースの選択**］ウィンドウグラフの［**横（項目）軸ラベル**］に「データ区分」列のデータ（D2:E10）を入力する。
7. グラフを選択し［**グラフのデザイン**］タブの［**グラフ要素を追加**］からグラフタイトルと軸タイトルを追加する（図 5.16）。

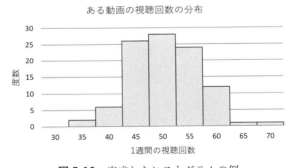

図 5.16　完成したヒストグラムの例

演 習

1. chap5_sample1.xlsx の ex2 シートのデータについて，要約統計量の計算とヒストグラムを作成せよ。また，代表値として何が適しているか，なぜそのように考えたかを説明せよ。

5.5.2 2変量データ（量的）の基礎的な分析

次に，2変量データ（量的）を読み，相関係数の計算と散布図を作成する。利用するデータは5.2節で紹介した図5.1と等価なデータで，違いは項目名をTime（配信時間），View（視聴回数），Good（高評価数），Game（ゲーム種類）とし，Gameを1，2，3という数値に置き換えている点である（図5.17）。

	A	B	C	D
1	Time	View	Good	Game
2	9023	262	34	1
3	4135	164	26	1
4	13381	354	36	1
5	12341	253	27	1
6	8263	226	27	1
7	3855	141	22	1
8	5301	180	28	1
9	13313	317	41	2
10	10699	208	25	2
11	11665	237	29	2
12	9819	152	23	2
13	7545	165	29	3
14	11191	178	20	3
15	8099	135	21	3
16	8821	135	16	3
17	12341	141	25	3
18	11917	241	28	3
19	12849	180	24	3
20	9319	158	28	3
21	7095	107	19	3

図 5.17 散布図用のサンプルデータ

相関係数の計算

実況動画の配信時間と視聴回数の相関係数を計算する。

1. 分析に使用するデータ（chap5_sample2.xlsxのex1シート）を開く。
2. 相関係数の値を表示したいセル（セルG2）を選択する。
3. ［数式］タブで［関数の挿入］を選ぶ。
4. ［関数の挿入］ダイアログボックスが表示されるので，CORRELを選ぶ。
5. ［関数の引数］ダイアログボックスが表示されるので，配列1，配列2に各変量のデータ範囲をマウスで選ぶ。
6. ダイアログボックスで［OK］を押すとセルG2に相関係数が返される（図5.18）。

第 5 章　データリテラシー

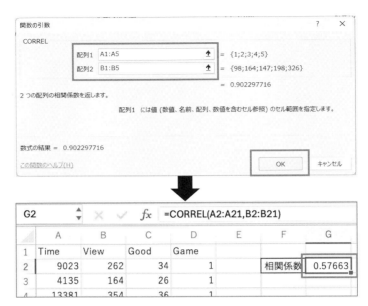

図 5.18　CORREL 関数のセル指定

散布図の作成

次に，実況動画の配信時間と視聴回数の散布図を作成する。

1. 項目名も含め，2 変量データ（A1:B121）を選択し，［**挿入**］タブの［**散布図**］アイコンを選択する。グラフのオプションが表示されるので［**散布図**］を選択する（図 5.19）。

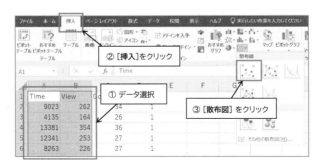

図 5.19　散布図の作成

2. 散布図がワークシートに挿入されるので，グラフや枠線の色は，同じ［**データ系列の書式設定**］メニューの［**塗りつぶし・枠線**］の設定で変更する。
3. グラフを選択し［**グラフのデザイン**］タブの［**グラフ要素を追加**］からグラフタイ

トルと軸タイトルを追加する（図 5.20）。

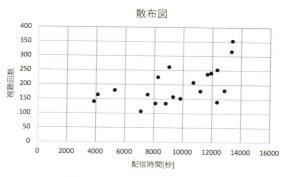

図 5.20 完成した散布図の例

演習

1. 配信時間，視聴回数，高評価数の 3 つの変量のうち一番相関が大きいペアはどれか。また，そのペアについて解釈を与えてみよ。

5.5.3 近似式を用いた予測

最後に予測的データ分析（2.6.2 項）を実際にやってみよう。表 5.11 はある地域における「ころり熱」（架空の伝染病）による毎週の新規感染者数の記録である。現状，具体的な対策を講じていないものの急速に感染が拡大しているようにも見える。あなたは行政の担当者として，表 5.11 のデータからこのまま対策しない場合の今後の感染者数を予測する必要がある。

表 5.11 ころり熱による毎週の新規感染者数

週	感染者数 [人]
1	98
2	164
3	147
4	198
5	326

まず，このデータの基本的な点について確認する。一見すると 2 変量（量的変数）に見えるが，1 列目は時間（間隔尺度）を表しており，分析目的は 2 列目の「新規感染者数」

の推移，時間変化を捉えることである。

その場合，**1変量時系列データ**として捉える必要がある。一般の時系列データは記録した時刻や日時を t として $x(t)$ のように表すが上の例のように等間隔で記録された場合は $x_1 = 98, x_2 = 164, \ldots$ のように表すことが多い。また，サンプルサイズではなく，長さ T の時系列データなどと呼び $\{x_t\}_{t=1}^T$ のように表す。

サンプルデータ chap5_sample3.xlsx の ex1 シートに表 5.11 の 1 変量時系列データが格納されているので，まずは，このデータを可視化してみよう。時間を横軸，量的変数（感染者数）を縦軸にとり，折れ線グラフを描くのが一般的である。描いたグラフは**時系列プロット**と呼ぶ。

折れ線グラフの作成

1. 感染者数のデータ（B1:B51）を選択し，[**挿入**] タブの [**折れ線グラフ**] のアイコンを選択する。グラフのオプションが表示されるので [**マーカー付き折れ線**] を選択する（図 5.21）。

図 **5.21** 折れ線グラフの作成

2. グラフがワークシートに挿入されるので，グラフや枠線の色は，同じ [**データ系列の書式設定**] メニューの [**塗りつぶし・枠線**] の設定で変更する。
3. グラフを選択し [**グラフのデザイン**] タブの [**グラフ要素を追加**] からグラフタイトルと軸タイトルを追加する（図 5.22）。

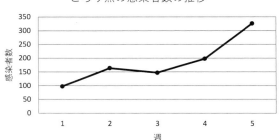

図 **5.22** 完成した新規感染者数の時系列プロット

図 5.22 からも徐々に感染者数が増えていることが見て取れる。そこで，6 週目以降の感染者数を予測してみよう。

一般に観測されたデータに基づき将来の値を予測する場合，増え方についてモデルを立てて考える必要がある。ここでは最もシンプルな直線モデルと指数関数モデルの 2 種類を考える。直線モデルは，今と同じペースで直線的に増えていくと考えるモデルである。この場合，第 t 週目の新規感染者数を y として $y = at + b$ という直線の式で予測できる。統計学では**最小二乗法**と呼ばれる考え方で，実際のデータから傾き a，切片 b を推定する。

また，「同じペース」といっても直線的に増えるとは限らない。一般に感染者数の増大は指数関数的に増えることが知られている。そこで，$y = ce^{dt}$（c, d は正の実数）という指数関数の式を立てて予測することもできる。こちらも最小二乗法を応用することで c, d が推定できる。それぞれのモデルの係数を最小二乗法で推定した式は以下の通りである。これらの式から 6 週目，7 週目，... の予測値を求めることができる。

(1) 直線モデル　　　　$y = 49t + 39.6$
(2) 指数関数モデル　　$y = 79.2e^{0.259t}$

復習：指数関数

指数関数が出てきたので，$a\ (>1)$ を底（てい）とする指数関数について復習しておく。$y = a^x$ は $a > 1$ のとき，右肩上がりのグラフになる。図 5.23 では $y = 2^x$（実線）と $y = 2^{x/4}$（点線）のグラフを重ねて描いている。後者は x の係数が 1/4 で小さいため増加は緩やかだが，長期的にみると直線に比べて増大していく。また，理工系の指数関数では自然対数の底（ネイピア数）e を標準的に使用する。e = 2.718... は無理数であり，$f(x) = e^x$ に対しその微分が一致する，つまり $f'(x) = e^x = f(x)$ を満たすような定数である。$y = e^x$ は x が 1 増えるごとに約 2.7 倍増える関数と考えてもよい。

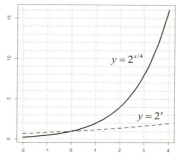

図 5.23　指数関数

近似曲線の追加

それでは，Excel を用いて予測を行ってみよう。先ほど作成した図 5.22 のグラフに，10 週目までの予測直線と予測曲線を描画する。

1. 図 5.22 のグラフで近似曲線を追加するデータ系列を選択し，右クリックで表示されたメニューから［**近似曲線の追加**］をクリックする。
2. ［**近似曲線の書式設定**］パネルが表示されるので，以下の設定をする。
   (a) ［**近似曲線のオプション**］は［**線形近似**］を選択する。
   (b) ［**予測**］の［**前方補外**］に 5 を入力する。
   (c) ［**グラフに数式を表示する**］にチェックする。
3. グラフに近似曲線と直線モデルの式 (1) が挿入される（図 5.24）。

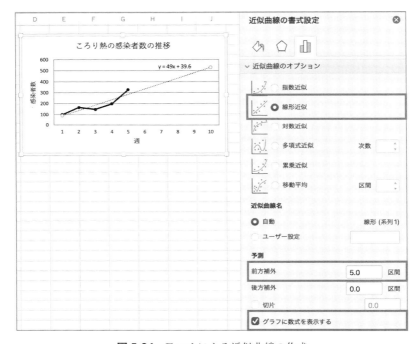

図 **5.24** Excel による近似曲線の作成

指数関数も同様の手順で近似曲線を追加することができ，［**近似曲線のオプション**］を［**指数近似**］にすればよい。近似曲線追加後に，線の形状を調整したものが，図 5.25 である（線形近似は点線，指数近似は実線で描画）。6 週目の予測値は 2 つのモデルでさほど変わらないが，10 週目まで行くと大きく違いが出てくる。このようにモデルが違うと長期的な予測はかなり違ってくることに注意する。

5.5 表計算ソフトによる実践

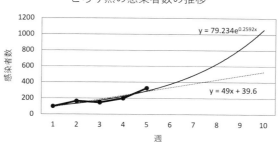

図 5.25 Excel による近似曲線

予測値の計算

視覚的な予測は図 5.25 の通りであるが，6 週目の新規感染者数の予測値は Excel の関数を用いて求めることもできる．近似直線（1 次式）による予測は FORECAST.LINEAR 関数，近似曲線（指数関数）による予測は GROWTH 関数をそれぞれ用いる．以下では FORECAST.LINEAR 関数の使い方のみ示すが，GROWTH 関数の使い方も同様である．

1. 予測値を入力したいセル（例えば，セル B6）を選択する．
2. ［**数式**］タブで［**関数の挿入**］を選ぶ．
3. ［**関数の挿入**］ダイアログボックスが表示されるので，FORECAST.LINEAR を選ぶ．
4. ［**関数の引数**］ダイアログボックスが表示されるので，［**新しい x**］には 6 を入力，［**既知の y**］にはセル B1:B5，［**既知の x**］にはセル A1:A5 を指定する（図 5.26）．
5. ダイアログボックスで［OK］を押すとセル B6 に予測値が返される．

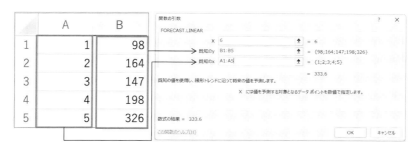

図 5.26 FORECAST.LINEAR 関数を用いた予測

5.6 分析結果の正しい読み取り

本章の冒頭でも述べたように可視化されたデータや要約統計量を見た際にそこから情報を過不足なく読み取ることは極めて重要である。実社会では，データだけで欲しい結論が出せることはほとんどないため，それ以外の情報も含めて総合的に判断する必要がある。その際，データから直接わかること（事実）と暗に仮定していることや前提を正しく切り分ける必要がある。「データからここまで言えている」と勘違いすると間違った推測・判断につながる恐れがある。すでに学んだように相関と因果関係の混同も多い。それ以外にも様々に紛れ込むバイアス（5.7 節）や間違った印象を与えるグラフの描き方（見せ方のトリック）にも注意が必要である。本節では，こうした分析結果の読み取りについて学ぶ。

5.6.1 T 商事の不祥事

T 商事の不祥事

T 商事は一族が経営の主導権を握っているが 2015 年 6 月に会長一派と社長一派（社長＝会長の孫娘）の対立により社長は退任に追い込まれた。元社長は翌 2016 年 6 月の T 商事の株主総会で図 5.27 のようなグラフを見せて次のように語った。

「私が 2010 年に就任してからの売上はご覧の通りです。多少，強引なやり方をしたことについては反省しています。しかし，一族の内輪もめで私が退任した後の業績の落ち込みをご覧ください。やはり，T 商事の今後のためには私自身が再び経営に携わる必要があるのではないでしょうか。」

図 5.27 T 商事の売上推移

5.6 分析結果の正しい読み取り

5.5 節では時系列データのプロットについて学んだ。ここでは架空の会社「T 商事」の 2009 年から 2015 年までの売上の推移データを扱ってみよう。

実はこの元社長の主張は明確な問題点がある。表 5.12 は「T 商事」の 2009 年から 2015 年までの売上の推移データである。1 変量時系列データであるが，年度の情報を無視して要約統計量を計算すると，平均は 9500[億円]，標準偏差は 250[億円]，変動係数は 0.036 となる。つまり，平均売上に比べて，その変動は 3% 程度なのである。

表 5.12 T 商事の売上の推移

年度	売上 (億円)
2009	6590
2010	7000
2011	6990
2012	7000
2013	7190
2014	7010
2015	6510

図 5.28 の右は，表 5.12 を適切に可視化したものである。右図の実線は平均のラインであり，元社長の就任や退任に関係なく，現状，横ばいであるとみるべきであろう。一方，左図は元社長が用いた図 5.27 と同じものである。元社長が株主の多くがデータリテラシーが低いことを想定して 2009 年の上昇や 2015 年の下降を強調するように横軸を 6300〜7300 にとってグラフを描いていることがわかる。

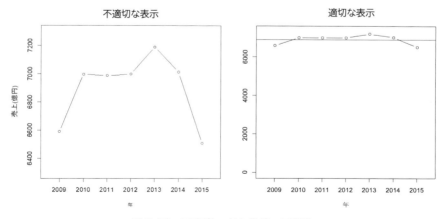

図 5.28 T 商事の売上推移の可視化

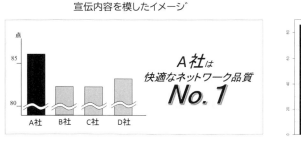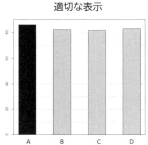

図 5.29 ネットワーク品質調査の可視化

　テレビ番組や動画投稿サイト，SNSで提示されたグラフでも上と同じような視覚トリックを見かける。実際の例として，ある携帯キャリアの宣伝について紹介しよう。ネットワーク品質調査を行った結果，図5.29の左のように自社の品質が一番だったという。棒グラフを適切に描きなおしたものが図5.29の右である。左図は自社が他社に比べて圧倒的に品質が良いという誤った印象を与えようとしている[*5]。

5.7 様々なバイアス

　前節はグラフの描き方が不適切で事実と違った印象を与えるケースを見てきた。次は，データの集め方に無自覚で偏りが発生しているケースを扱う。

　2.3.1項では調査データについて説明した。標本抽出であっても調査データの収集にはかなりのコストがかかる。そのため，私たちは容易に入手できるデータで結論を出そうとしがちである。そして，それらのデータは無作為抽出によって選ばれた標本とは言い難いことが多い。

　セレクションバイアスとはデータを集める際に，無作為ではなく偏ったとり方をすること，もしくはそこから得られる結論を指す。

　例えば，大阪府内で万国博覧会の開催に賛成か反対かを知りたい場面でSNSを眺めてみると，声の大きい人たちの意見が目立ってしまうかもしれない。また，多くのホテルでは，ご意見フォームを通じて宿泊客が匿名で意見を送ることができる。ここで送られてくる意見のほとんどが，批判的な意見，苦情であるという。満足したほとんどの宿泊客は，わざわざご意見フォームで意見を送ってこない。これらはセレクションバイアスが働いているケースである。

　メディアによるバイアスもありえる。例えば，私たちは，性差別の解消が進んでいるというニュースと性差別が問題になっているというニュース，どちらを多く目にするだろう

[*5] 誤認させるグラフの描き方については，データリテラシーの文献 [4, 7] などに詳しい。

か。ネガティブな内容の方が多くの人が関心をもつため、メディアも問題になっている方を取り上げることが多いだろう[*6]。

5.7.1 生存バイアス

興味のある量について、正しい分布を大きく歪めて観測してしまうことがある。その極端な例が「人食い鬼が住む森」といった寓話に出てくる。

人食い鬼が住む森（寓話）

とある村を囲むうっそうとした森。言い伝えでは、この森には恐ろしい人食い鬼がいて、人間を見つけ次第、食い殺してしまうという。村人は森に決して立ち入らない。一方で、行商の人々は森を迂回せず、森の中をつっきってその村にやってくる。村人が行商の人に鬼の話をすると、みな一笑に付して「鬼などいない」という。

上の寓話において「鬼などいない」という行商の人が仮に10人いたとしても、鬼がいない証拠には決してなりえない。本当は森を通過する途中で鬼と遭遇して食い殺された行商の人たちが90人いる可能性もあるのだから。

これは極端な例であるが、鬼がいるいないといった興味ある情報に対して、データを集める対象は鬼と遭遇しなかった人（生存者）に限定されている。ここに偏り（バイアス）が発生している。このようなバイアスを**生存バイアス**という。

本来の「生存」ではないが、生存バイアスは身近な場面でもたくさん発生しうる。例えば、あなたが高校に入学して柔道部の説明会を聞きに行ったとする。学業との両立が心配で、部活の負担がどれくらいか柔道部の先輩（2・3年生）に話を聞くとしよう。数名の先輩と話をしたところ、みんな学業と両立していると答えてくれた。話しぶりにウソをついている様子はない。しかし、ひょっとしたら、毎年、1年生はたくさん入部していて、半分以上が練習がきつい、もしくは学業との両立ができなくて辞めているのかもしれない。元から能力が高い者だけが、今の柔道部の2・3年生として生き残っている可能性もある。

大事なのは、入部したけれど辞めてしまった人たちがいるかもしれないと想像することである。言い換えると、直接、観測できていないデータの発生源を意識することである。

高校の部活に限らず、大学のサークルやゼミ、アルバイトや趣味の活動など、様々な場面で上のような生存バイアスが発生することに注意したい。

[*6] このようなバイアスについては、ハンス・ロスリングらによるベストセラー「FACTFULNESS」[1] に詳しい。

5.7.2　データの収集方法に起因するバイアス

　本来の生存バイアスは，対象となる人々（場合によっては機材，モノかもしれない）が生存していればバイアスは生じなかったというニュアンスがある。そうではなく，単にデータのとり方に偏りがある（分析者は気づいていない）場合も多い。例えば，普段からねずみが走っていて衛生状態が悪い中華食堂が，保健所が視察に入る時だけ清掃を徹底する。行政は，この食堂は衛生に問題はないと判断するが，根拠となるデータにはバイアスが入っている。以下では，データ分析に入りこむこのようなバイアスについて考える。

> **ご意見フォームを用いた満足度調査**
>
> とある旅館がリニューアル，Webサイトも刷新した。経営者はリニューアルに対する宿泊客の満足度を調べるため，Webサイトにご意見フォームを設置した。このご意見フォームは宿泊日と年代，性別などと合わせて匿名で意見・感想を自由に送信できる。有効な意見は20人分で，そのうち18人が否定的だったという。

　経営者は宿泊客全体での満足度の分布に興味がある。ここでは簡単のため満足か不満の二択とすると，Webサイトからの意見は表5.13の左側のようになる。

表5.13　とある旅館の満足度調査

	意見送付	送付なし	合計
満足	2	?	?
不満	18	?	?
合計	20	200	220

　宿泊した後にわざわざWebサイトを調べてご意見フォームに意見を送るのは手間がかかるため，強い不満を感じた人の方が，こうしたご意見フォームで送ってくることが多い（図5.30の左）。多くの場合，満足している場合にはわざわざ意見を送ってこない。満足している宿泊客は全体の中でも多数派かもしれず，これが正しければ，本来観測するべき満足度の分布がご意見フォームでは歪められて観測していることになる。

5.7 様々なバイアス

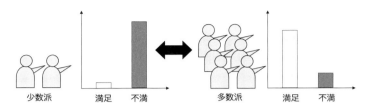

図 5.30 ご意見フォームに送ってくる人たちの満足度の分布

そこで，満足度の分布を正しく把握したいのであれば，意見を出してない人たちからも無作為抽出で（例えばメールで）満足度の調査をするべきである。やや変則的であるが，こうした結果を統合した例を表 5.14 にまとめた。5.4 節で見たように満足度とご意見フォームからの意見送付（積極的に意見を届ける）の関連性を調べることができる。

表 5.14 とある旅館の満足度調査

	意見送付	アンケート	合計
満足	2	180	182
不満	18	20	38
合計	20	200	220

ところで，表 5.13 のデータだけでは表 5.14 の数値は一つの可能性に過ぎない。表 5.15 のような可能性もある。一番まずいのは「どうせ，わざわざ意見を送るのは不満がある人たちに偏ってるのだ」と考えて思考停止することである。これもまたバイアスである。

表 5.15 とある旅館の満足度調査（別の可能性）

	意見送付	アンケート	合計
満足	2	40	42
不満	18	160	178
合計	20	200	220

バイアスのあるデータから得られた結論に対し，バイアスが入っているから「結論は間違っている」と考える人たちがいる。しかし，そうではない。バイアスがあることと，バイアスがあるデータの分析結果が示唆する結論が間違いであることは全く無関係である。

5.8 データ収集の設計

データサイエンスによる課題解決ではデータ収集の設計も必要になることが多い。日常的な場面でも 1 変量データを集めるとなると細かい所まで検討する必要がある。以下の例でデータ収集に関する注意点について考えてみよう。

> **ゆかいなサザコさん**
> サザコさんは「買い物しようと出かけて，お店の前で財布を忘れたことに気づくことが多い」（主張）と考えており，この主張をデータで示し，忘れ物を減らしたい。

この場合，どのような記録をとり，どのように数値で表現すればよいか。忘れ物は財布でなくてもよく，学生であれば提出物を忘れやすいという主張に置き換えて考えても良い。「財布（課題）を忘れやすい」を比率で表現するなら，まず，「忘れる」「忘れなかった」をどうカウントするかルールを決める。そして，全く忘れない場合の比率が 1 になるようにする。また，記録する期間も決める必要がある。これらはデータ分析の目的に沿って考えるため一般的な正解はない。また，忘れ物が「多い」と主張したいなら何かと比較する必要もある。

技術が進歩して，様々なデータが自動で取得できるようになったが，課題によっては 1 変量データを収集することさえ簡単ではない。インターネットからダウンロードできるビッグデータだけで課題が解決するわけではない。

5.8.1 比較の重要性

次はより踏み込んで，分析結果から判断や意思決定につなげる例を考えてみる。

> **AI 学習ツールの導入**
> O 大学文学部歴史学科では，今年度，新 1 年生 120 人に対し AI 学習ツールを与えて英語を勉強させている。6 月に AI 学習ツールの機能を用いて簡易テストを行ったところ，正答率 70% 以上の学生が約 8 割だった。文学部では AI 学習ツールの効果を確認できたと判断し，来年度以降，AI 学習ツールをすべての文学部の学生に与えることに決めた。

上の事例でデータの集め方や結論の導出についてどのような問題点があるだろうか。
分析している 1 変量データは，簡易テストでの 120 人の学生一人一人の正答率である。

しかし，このデータだけではAI学習ツールの効果を測定できていない。効果を見るには，従来通りの（AI学習ツールを利用しない）人たちのグループ（従来群）との比較が必要である。医療統計の分野では，薬の効果を見る際に，本物の薬を投与した群（処置群と呼ぶ）と偽薬を投与した群（対照群と呼ぶ）で治療効果に差があるか分析する。実際には難しいが，例えば，歴史学科120人のうち無作為に選んだ60人には学習ツールを与え，残り60人には従来通りの学習をしてもらう。この2つの集団での学習状況を比較するべきである。

また，AI学習ツールの簡易テストはツール使用者が有利になるかもしれない。テスト問題は別途用意して，学習ツール利用者群が従来群よりも平均点が高いことを確認するべきである。どれくらいの差があればよいか，といった詳細は統計学で学ぶ。

新しくデータを集めて分析する場合，注目しているデータの平均や比率の大小は，上記のように何かと比較して考えるべきである。上のような対照群との比較以外にも目的に応じて様々な比較が考えられる。過去のデータがあれば，過去との比較でよいし，ビジネスであれば同業他社との比較も多い。目標値（合格基準など）が決まっている場合には，その目標値との比較もある。

5.8.2 公平な比較

前項では分析結果（数値や比率など）について比較することが重要であると述べた。ただし，この場合の比較は公平な比較になるように留意する必要がある（5.4.2項の「c. 交絡変数の検討」も参照）。先ほどの学習ツールの例でいうと120人のうち，入試の英語の点数で下位60人に学習ツールを与えたら公平な比較にならない。

私たちはしばしば，観測できていない，目に入らないものを見落として（不公平な）比較をしたり，そこから間違った結論を出してしまうことが多い。データ分析ではないが，日常生活での不公平な比較を見てみよう。

日常生活での不公平な比較

ある女性（エリス）がアラン (A) とボブ (B) という二人の男性からプロポーズされ，迷った挙句，アランと結婚したとしよう。二人の性格は正反対だが，どちらも魅力的だった。アランは実直で真面目であり，勤勉で年収も悪くない。ボブはクリエイター気質で気難しい所があるが，趣味も合うし一緒にいて楽しい。さて，アランと結婚して数年経つと，エリスはアランを選んだことを後悔し始める。そして，ボブと結婚したらよかったと考え始める。

エリスは無意識のうちに不公平な比較を行っている。長く生活していくことで見えてくるアランの短所と思い出の中のボブの長所を天秤にかけている。比べるべきは表 5.16 の長所，短所の列である。本来は，長く生活することで見えてくるボブの短所も少なからずあるはずである。ただ，ボブと結婚しなかったため，それらは観測されていない（反事実）。短所が観測できていないことと短所がないことは全く違う。

表 5.16　反事実との公平な比較（結婚）

	期待していた長所	不満な部分（短所）
A: アランと結婚（事実）	当たり前（意識しなくなる）	長く生活することで観測
B: ボブと結婚（"IF"）	見えていた	?

同様の問題は例えば医療政策でも出てくる。国の政策として政策 A をとるか政策 B をとるかという場面を考えてみよう（説明の簡単のため二択とする）。

政策 A によって，期待通り多くの人の命が救われたとしよう。ところが，時間が経ってみると政策 A のために犠牲になった人々も少なからず出てきた。こうした結果をみて政策 A は失敗であり政策 B にするべきだったという人は多い。しかし，これはエリスと同じ不公平な比較をしているに過ぎない。

5.9　意思決定のためのデータ収集と分析

ここまでで意図しないバイアスや公平な比較に気を付けることを学んだ。それでもなお，日常生活の様々な場面で私たちはこうしたことを忘れがちである。例えば，学業や仕事，趣味・スポーツなどにおいて成功事例だけを熱心に調べていないだろうか。このような考え方の問題点を指摘する例として，次のようなものが有名である。

1. 宝くじ高額当選者 600 名以上について詳しく調べたところ，血液型は 4 割が A 型だということが判明した。
2. 凶悪殺人者 100 名以上の食生活を詳しく調べたところ，約 7 割が普段からご飯を食べていることが判明した。

これらの分析結果が無意味であることは「常識」で判断できる[*7]。

さて，上の例で分析結果が無意味であると判断できることとデータリテラシーが身についていることは別物である。例えば，次の分析結果はどうだろうか。

3. 2020 年から 2023 年に発生した重犯罪について詳しく調べたところ，犯人の 7 割は

[*7] 前者について，念のために言っておくと日本人の 4 割が A 型である。

新型コロナウイルス感染症で身近な人を失くしている。

この分析結果だけを見て，新型コロナウイルス感染症が間接的に犯罪につながっているといった可能性を考えたとしたら，やはりデータリテラシーが全くないということになる。何が原因で犯罪を引き起こすのか，犯罪者だけ調べている時点でバイアスが入っている。因果関係をデータから示すためには犯罪者以外の人たちのデータも必要である。

以下では，特定の人たちに何らかの傾向が見えた場合に，どのようなデータを追加で集めればよいのか，また，初等的な分析で何がどこまで言えるのかについて考える。これらの内容は 2.6 節で扱ったデータ分析の結果を意思決定に使う場合の基本でもある。

5.9.1 O 大学合格者 100 人に聞いた合格の秘訣

「O 大学合格者 100 人に聞いた合格の秘訣」という架空の本がある。その中で，毎日，朝ごはんをちゃんと食べている割合が 8 割（100 人中 80 人が「はい」と回答）という結果があった。そこで，O 大学受験の合否と朝ごはんをちゃんと食べているか否かの関連性を示す方法を考えたい。この本に協力した合格者 100 人は O 大学合格者からの無作為抽出と考えることにし，上のデータはそのまま使うことにする。その上で関連性を調べるには，最低限，どういうデータを準備すればよいだろうか。対象となる人々，および集めるべき 1 変量データ（質的）を答えられるだろうか。

まず，O 大学受験の合否に興味があるので，対象は O 大学を受験して不合格だった人たちである。集めるべき最低限のデータは「毎日，朝ごはんをちゃんと食べているかどうか」に「はい」「いいえ」の二択で回答してもらう質的変数となる。集計結果は表 5.17 のような二元分割表になる。

表 5.17 求めている集計結果のイメージ

	はい	いいえ	合計
O 大学合格者	80	20	100
O 大学不合格者	?	?	?
合計	?	?	?

100 人にそろえる必要はないが不合格者のデータを集めることができれば，二元分割表として関連性の分析ができる。もし，この時点で関連性が弱ければ因果関係はない。もし，関連性が強ければ，より踏み込んだ分析（統計的因果推論）を行う（5.4.2 項も参照）。

5.9.2 O 大学での学生生活相談会の宣伝

今度は別の例を考えてみよう。O 大学は学生生活相談会を毎年 6 月に開催している。企画担当の A さんは，学食にビラをおいたり，SNS で宣伝してきた。また，当日はバイト学生にかぶりものに入ってもらい，会場近くを歩いている学生に宣伝した。A さんは，宣伝の効果をみるため，実際に相談会にきた学生，全員に対してアンケートをとった。

学生生活相談会のアンケート（一部抜粋）

相談会を最初に知ったのはどれですか。該当するものがない場合は，そのほかを選んで記載してください。

1. 当日の宣伝（かぶりもの）
2. SNS
3. 学食のビラ
4. そのほか（友達から聞いた，など具体的にお願いします）

参加学生全員が回答し，表 5.18 の結果が得られた。A さんは今の 2 倍は学生に来てほしいと考えている。アンケート結果から学食のビラを見た人が一番多く，相談会に来ていることがわかったため，A さんは学食のビラのデザインにもっと力を入れたいと考えた。

表 5.18 相談会を最初に知った宣伝媒体

順位	宣伝媒体	人数
1	学食のビラ	15
2	そのほか	10
3	SNS	8
4	当日の宣伝	3

これはデータ分析の結果を意思決定につなげている例である（2.6 節参照）。しかし，分析結果からの A さんの判断はデータリテラシーの観点からは問題がある。それは，相談会を把握していたにも関わらず来ていない学生の意見を聞いていないことである。相談会に来ていない学生の意見を聞けないことと無視しても構わない（相談会に来る，来ないと宣伝方法が独立）ことは無関係である。実際には来なかった人の意見を聞くのは難しいが，参加者の分析結果のみをみて判断するのは，やはりバイアスが入っている。

バイアスがどう意思決定に影響を与えるか詳しく見るため，相談会を把握していたが不参加の人たち全員に対して，仮にデータ収集ができたとしよう（表 5.19）。

5.9 意思決定のためのデータ収集と分析

表 5.19 宣伝媒体別の参加状況

	参加	不参加	合計
当日の宣伝	3	30	33
SNS	8	200	208
学食のビラ	15	100	115
その他	10	100	110

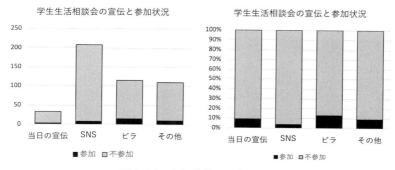

図 5.31 宣伝媒体別の参加状況

図 5.31 は，表 5.19 を可視化したもので，左側は**積み上げ棒**グラフと呼ぶが，「最初に知った媒体」はSNSが一番多いことがわかる。また，図 5.31 の右側は**層別帯グラフ**と呼び，媒体別に参加率を見るとビラが13%で一番高く，当日の宣伝とその他が9%，SNSが約4%と一番低いことが見て取れる。

表 5.19 のように，不参加の人たちのデータが入手できたとすると全体の分析結果や意思決定の判断がより適切なものになる。ビラに力を入れるよりも，SNSでの告知・宣伝に力を入れた方がよさそうである。また，当日の宣伝で初めて知って約1割の学生が参加したのであれば，当日の宣伝に力を入れてもいいだろう。なお，現実には表 5.19 のような集計結果を見積もるための工夫が必要である。

5.9.3 冒頭の例について

最後に5.1節で挙げた例をもう一度，考えてみよう。これは電気自動車購入者に限定して詳しくデータ分析を行ったのだが，環境意識が高いと電気自動車を購入する可能性が高いといった間違った推論をしている。少なくとも電気自動車購入者以外の人たちについて，環境意識や最新技術への興味を調べて比較する必要がある。「電気自動車購入者以外の人」というのも実は難しく，自社で電気自動車以外の自動車を購入した人や他社の電気自動車購入者を含めるのかどうか本来は，きちんと決めないといけない。

分析結果が大量のデータや高度な分析手法を用いて得られたものだとしても冒頭の例

ではデータから間違った推論をしていることに変わりはない。現代ではICTの発展により，様々な統計分析や機械学習がすでにパッケージ化され，データさえあれば詳しい仕組みがわからなくても分析結果を出すことができてしまう。しかし，本章で説明したようなデータリテラシーの基礎が身に付いていないと分析結果から間違った推論を行ってしまう。データサイエンスやAIの利活用に際して，読者の皆さんは本章で説明してきたことをしっかりと身に付けてほしい。

引用文献および文献ガイド

[1] Hans Rosling, Anna Rosling Rönnlund, Ola Rosling 著, 上杉周作, 関美和訳 (2019) 『FACTFULNESS』日経BP社
[2] 阿部圭一 (2021) 『よくわかるデータリテラシー データサイエンスの基本』近代科学社
[3] 市川正樹 (2023) 『文系のためのデータサイエンス・AI入門』学術図書出版社
[4] 北川源四郎・竹村彰通編著 (2021) 『教養としてのデータサイエンス』講談社
[5] 北川源四郎・竹村彰通編著 (2023) 『応用基礎としてのデータサイエンス』講談社
[6] 斎藤政彦・小澤誠一・羽森茂之・南千惠子編著 (2021) 『データサイエンス基礎』培風館
[7] 数理人材育成協会 編 (2021) 『データサイエンスリテラシー』培風館
[8] 竹村彰通・姫野哲人・高田聖治編著 (2021) 『データサイエンス入門 第2版』学術図書出版社
[9] 中室牧子・津川友介 (2017) 『「原因と結果」の経済学 データから真実を見抜く思考法』ダイヤモンド社
[10] 西内啓 (2013) 『統計学が最強の学問である』ダイヤモンド社
[11] 笛田薫・松井秀俊 (2022) 『Excelで学ぶデータサイエンス入門講義』日経BP社

第6章 AIプログラミング演習

本章では，プログラミング言語 Python を用いた AI プログラミング演習を通じて，これまでの章で学んだデータ・AI 利活用について理解を深めることを目指す。「Python プログラミング」，「機械学習基礎」，「深層学習基礎」の 3 節構成で実践的に学ぶ。

6.1 Python プログラミング

はじめに，第 2 章で取り扱った AI を学ぶ上で重要なプログラミング言語である Python の基本を紹介する。Python は読みやすさと書きやすさで知られ，データサイエンスや AI 分野で広く利用されている。本節を通じて，Python の基本的な概念と構文を理解し，データの取り扱いや分析の初歩を学ぶ。

6.1.1 プログラミング言語 Python

第 3 章で紹介したように，コンピュータは，最終的には電気信号で伝えられる 0 と 1 の二種類の数（2 進法の数）で表した機械語で書かれた命令に従い，演算処理装置である CPU がどのような計算や動作を行うかを決める。しかし，人間が機械語ですべてのプログラムを書くことは困難である。機械語にほぼ 1 対 1 に対応し，かつ，人間に読みやすいものとしたアセンブリ言語が存在するが，それでもなおプログラムをすべてアセンブリ言語で記述することは容易ではない。そこで，人間が理解しやすく，かつ，機械語に変換することが可能な様々なプログラミング言語が作られた。

プログラミング言語は様々なものがあるが，ここでは Python を用いてプログラムを示していく[*1]。Python はオランダ人の Guido van Rossum 氏が開発したプログラミング言語で，文法を単純化することによってプログラムの読みやすさを高め，初心者でもプログラムを書きやすくした汎用の高水準言語である。プログラムの実行時にソースコードを 1 行ずつ機械語プログラムに変換するインタプリタ上で実行することを前提に設計されており，対話的にプログラムが実行できるシェルを使うこともできる。変数を使う場合，C や Java などではあらかじめ整数や実数などのデータ型を宣言しなければいけないが，Python は変数の宣言が不要で，使用するときにデータ型を決める動的な型付けを行うの

[*1] Python にはバージョン 2.x とバージョン 3.x の 2 つの系統があり仕様が異なっているが，ここでは，バージョン 3.x を用いたプログラムを示す。

で，手軽にプログラミングが可能である。一方で，手続き型，オブジェクト指向，関数型など様々なプログラミングパラダイムに対応しているため，幅広い用途に利用できる言語である。また，利用可能なプログラムの部品（ライブラリ）が豊富で，機械学習などの応用分野のプログラミングにも広く利用されている。

6.1.2 プログラムの構造

コンピュータで行う計算は，図 6.1 に示すように，「逐次」，「条件分岐」，「繰り返し」の3つの構造で記述できることが知られている。これらはプログラムの流れを制御するものであるため制御構造と呼ばれており，多くのプログラム言語で記述できるようになっている。ここから，Python によるそれぞれの構造の記述方法を説明する。

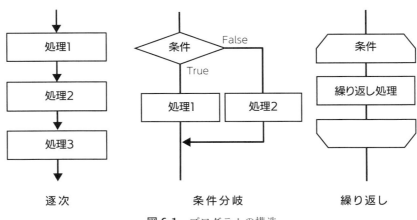

図 **6.1** プログラムの構造

a. 逐次処理

逐次は特別な構造ではなく，プログラムが「上から処理を順番に実行」されるという基本的な構造である。以下のプログラムは，メッセージを順に表示するものである。

ソースコード **6.1** メッセージを順に表示

```
1  print("おはよう")
2  print("こんばんは")
```

出力結果

```
おはよう
こんばんは
```

6.1 Python プログラミング

printはカッコ内に指定されたものを画面に表示する関数である。このプログラムはダブルクォーテーション (") で囲まれた文字列が画面に表示され，実行すると，書かれた順に文字列が表示されることが確認できる。プログラムにおいての関数とは，与えられた値（引数（ひきすう））を受け取り，何らかの処理を行い，出力を返す一連の手続きのことを指す。print関数は組み込み関数と呼ばれ，Pythonであらかじめ用意された関数である。関数は自分でも作ることができる（6.1.7項参照）。printには計算式を書いて，その結果を表示させることもできる。計算には表 6.1 のような演算子が利用できる。これらを利用して，いろいろな計算をしたプログラムがソースコード 6.2 である[*2]。

表 6.1　演算子

計算タイプ	演算子	計算タイプ	演算子
足し算	+	割り算（実数）	/
引き算	−	割り算（整数，小数点以下切り捨て）	//
掛け算	*	割り算の余り	%
累　乗	**		

ソースコード 6.2　いろいろな計算

```
1  print(10 + 3) # 足し算
2  print(10 - 3) # 引き算
3  print(10 * 3) # 掛け算
4  print(10 ** 3) # 累乗
5  print(10 / 3) # 割り算（実数）
6  print(10 // 3) # 割り算（小数点以下切り捨て）
7  print(10 % 3) # 剰余（割り算の余り）
8  print(10*3 + 6/2) # 複数個の演算子の優先順位切り分け
```

出力結果

```
13
7
30
1000
3.3333333333333335
3
1
33.0
```

[*2] プログラムの中に説明を書き込む場合は，プログラムの動作に影響を与えないようコメント文として記述する。Pythonでは，「#」記号を文頭につけることで，「#」記号以降の当該行に記載された文章がコメント扱いになる。

次に，以下のような問題をプログラムで解くことを考える。

> オレンジが 450 円，桃が 250 円，メロンが 1450 円で販売されていた。アンはオレンジを 25 個，桃を 52 個，メロンを 7 個購入した。その購入金額はいくらになるか？

この問題をプログラムにすると以下のようになる。

ソースコード 6.3 合計金額の計算

```
1  print(450*25 + 250*52 + 1450*7)
```

出力結果
```
34400
```

しかし，このプログラムには以下のような問題がある。

- 説明のない数字（マジックナンバー）があるため，このプログラムを見たときに何のためのプログラムかわかりづらい（他の人が見てもわからない）
- 果物の価格が変わった際に，該当箇所をそれぞれ修正する必要があり面倒である

これを解決するためには，**変数**を用いることが有効である。変数とは，プログラムの中で扱うデータを一時的に記憶するための領域のことを指す。変数には任意の名前をつけることができ，データを代入（格納）することができる。Python では「=」を使って変数に値を代入する。「=」の左側に代入先の変数を，右側に値（またはその値を示す計算式）を記述する。`orange = 450` は変数「orange」に値「450」を代入することを意味する。データに名前を付けることによりその役割が明確になり，将来の修正にも効率よく，柔軟に対応できるプログラムにすることができる。Python で，変数名に使う文字は基本的にはアルファベット，数字，アンダースコア（_）である[*3]。ただし，数字を最初の文字として使うことはできない。また，一般の変数名ではアルファベットは小文字のみを使うこと[*4]が推奨され，最初の文字に「_」を使うことは推奨されない[*5]。

先ほどの合計金額を求める例は，変数を使うと以下のように書き換えられる。オレンジの価格を `orange`，桃の価格を `peach`，メロンの価格を `melon` という変数名にし，プログラムの最初で金額を設定する。そして，アンの購入金額を計算し，`price_anne` に代入

[*3] 正確には UNICODE で書かれた，かなや漢字なども使用することができるが，一般的でなく，避けるべきである。
[*4] 値が変わらない定数に大文字を使い，区別するため。
[*5] 特殊な変数の名前に使われるため。

し，print 関数を用いて表示している。これにより，それぞれの値が何を意味しているかが明確になり，何を計算しているかが他者から見ても明確になる。また，先頭の変数への代入を書き換えることにより，価格の変更に対応でき，修正が容易となっている。

ソースコード **6.4**　変数を使った計算

```
1  orange = 450
2  peach = 250
3  melon = 1450
4  price_anne = orange*25 + peach*52 + melon*7
5  print("アンの買い物合計は" + str(price_anne) + "円である")
```

出力結果

アンの買い物合計は 34400 円である

print 関数の中の「"アンの買い物合計は"+str(price_anne)+"円である"」は，金額の部分のみを変数に入った値に置き換えて表示するためのものである。ダブルクォーテーション（"）で囲まれた文字が連なったものは**文字列**とよばれ，print 関数ではそのままの内容が表示される。文字列は「+」で連結されるが，その中に数値が入った変数（ここでは price_anne）を連結するためには，それを文字列に変換しなければいけない。そのために，str 関数を用いている。

b. 条件分岐処理

条件分岐とは，プログラムの実行順序を変えるための制御構造の一つで，「条件によって異なる処理を実行する」ために利用する。Python では，**if 構文**を使って条件分岐のプログラムを記述する。

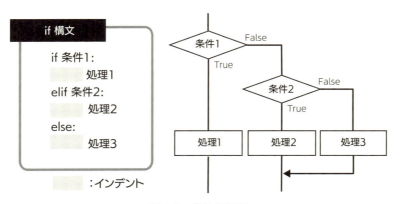

図 **6.2**　多分岐処理

条件が真（True）のときの処理は，if 文の次の行に**インデント**（字下げ）して記述し，偽（False）の場合は，**else 文**の次の行にインデントして記述するルールになっている。処理は文を複数行書くことができ，それを**ブロック**と呼ぶ。同一ブロックの文のインデントは「半角スペース 4 個分」や「タブ」など，統一して指定しなければならない。ただし，一般にはプログラムを入力するエディタが自動的に字下げをしてくれるので，それにしたがい，行頭が揃っていることを確認するだけでよい。条件の記述には，以下に示す比較演算子を利用し，比較結果は真偽値型の値（True/False）を返す。

表 6.2 比較演算子

比較式	意味
a == b	a と b が等しい時，True を返す
a != b	a と b が等しくない時，True を返す
a > b	a が b より大きい時，True を返す
a >= b	a と b が等しいか，a の方が大きい時，True を返す
a < b	a が b より小さい時，True を返す
a <= b	a と b が等しいか，a の方が小さい時，True を返す

以下は，キーボードから入力した数が 3 で割り切れるかどうかを調べ，割り切れるなら「3 の倍数である」，割り切れない場合は「3 の倍数ではない」と出力するプログラムである。このプログラムでは，1 行目で変数 num にキーボードからの入力を得る input 関数の値を代入している。input 関数で入力された値は文字列として扱われるので，int 関数で囲むことで，整数に変換した値を num に代入している。input 関数の引数に書かれている文字列は，入力の際に画面に表示されるメッセージ（プロンプト）で利用者に何を入力すべきかを示すために用いられる。

ソースコード 6.5 条件分岐（3 の倍数の判定）

```
1  num = int(input("整数を入力: "))
2  if num % 3 == 0:
3      print("3 の倍数である")
4  else:
5      print("3 の倍数ではない")
```

出力結果（**15 と入力した場合**）

```
整数を入力: 15
3 の倍数である
```

多分岐の処理を行いたい場合には，**elif 文**を用いる。以下の例は，キーボードから最高

気温を入力し，30℃以上のときは「真夏日」，25℃以上のときは「夏日」，0℃未満のときは「真冬日」と出力するプログラムである。このプログラムでは2行目のifで変数tempの値が35℃以上かどうかを判定し，偽（False）であれば，4行目のelifに移る。さらに，tempの値が30℃未満で偽（False）となった場合は，6行目のelifの判定に移る。このように，真（True）になるまで判定を繰り返し，真になればその処理を，どの条件も満たさなかった場合，最後のelseの後に書かれた処理（11行目）を行う。

ソースコード 6.6　多分岐処理

```
1  temp = int(input("最高気温を入力: "))
2  if temp >= 35 :
3      print("猛暑日である")
4  elif temp >= 30:
5      print("真夏日である")
6  elif temp >= 25:
7      print("夏日である")
8  elif temp < 0:
9      print("真冬日である")
10 else:
11     print("0℃以上，25℃未満の気温である")
```

出力結果（-7と入力した場合）

最高気温を入力: -7
真冬日である

演 習

1. キーボードから入力された点数が80以上ならA，70以上80未満ならB，60以上70未満ならC，60未満ならFと表示するプログラムを作成せよ。

2. キーボードから入力された体重 [kg]，身長 [cm] をもとに BMI を算出するプログラムを作成せよ。BMI の計算式は BMI = 体重 [kg]/身長 [m]^2（体重を身長の2乗で割った数値）を用い，BMI の計算結果と，BMI が 18.5 未満だった場合は「低体重」，18.5 以上かつ 25 未満の場合は「普通体重」，25 以上の場合は「肥満」とメッセージを表示するようにせよ。なお，体重と身長は実数として入力できるようにせよ。

    ※ 実数への変換は float 関数で行うことができるので，
    　　w = float(input("体重 kg: "))
    　　h = float(input("身長 cm: "))
    という形で入力を得る。

ここまで，if 文の条件式は単独の比較を行っていただけであったが，「$10 < x$ かつ $x < 20$」や「$y < 20$ または $x! = 0$」といった複数の条件を指定する方法についてみていく。複数の条件を組み合わせるためには，**論理演算**を使用する（表 6.3）。

表 **6.3** 論理演算

論理演算子	意　味
条件 1 and 条件 2	両条件が真 (True) のときのみ True で，その他は False
条件 1 or 条件 2	条件のどちらかが真 (True) のときは True で，その他，すなわち両条件が偽 (False) のときは False

論理演算は真 (True)，偽 (False) の値の演算で，どちらもが真であるときのみ真になる「かつ」の演算を行う and，どちらかが真であるとき真になる「または」の演算を行う or がある。また，この他に，条件の前に付け，真偽を反転 (True→False, False→True) させる否定演算子 not がある。以下は，「$10 < x$ かつ $x < 20$」の範囲に x の値があるかを判定するプログラムである[6]。

ソースコード **6.7**　条件の組み合わせ（1）

```
x = int(input("x: "))
if 10 < x and x < 20:
    print("10 より大きく 20 より小さい")
```

出力結果（15 と入力した場合）

```
x: 15
10 より大きく 20 より小さい
```

また，以下は x が「25 以下または 50 以上の偶数」であるかを判定するプログラムである。and は or より先に評価されるので，or の演算を (　) で囲み，先に評価している。

ソースコード **6.8**　条件の組み合わせ（2）

```
x = int(input("x: "))
if (x <= 25 or 50 <= x) and x%2 == 0:
    print("25 以下または 50 以上の偶数")
```

---

[6] Python では and を省き，if 10 < x < 20: のように書くこともできるが，他の言語では書けないことが多いので，汎用性の高い and を用いた表記としている。

6.1 Python プログラミング

出力結果（82 と入力した場合）
```
x: 82
25 以下または 50 以上の偶数
```

出力結果（17 と入力した場合）
```
x: 17
```

演 習

1. 入力された西暦の年 y がうるう年であれば「うるう年です」，そうでなければ，「うるう年ではありません」と表示するプログラムを作成せよ．なお，うるう年は 4 で割り切れるが 100 では割り切れない年，もしくは，400 で割り切れる年である．

6.1.3 繰り返し処理

繰り返しは「条件を満たす間，処理を繰り返す」制御構造であり，Python では **while 構文**を使って記述する．また，変数を指定した値で変化させながら繰り返し処理を行う **for 構文**がある．

while 構文は，条件が真（True）の間，指定された処理を繰り返すものである．if 構文と同様に，条件式に続く行に，インデントして処理を記述する．条件式には，if 構文と同じく，比較演算子や論理演算子を用いた式を書く．

ソースコード 6.9 1 から 3 までの数字を画面に表示

```
1  i = 1
2  while i <= 3:
3      print(i)
4      i = i + 1
```

出力結果
```
1
2
3
```

1 行目で変数 i にスタートの数値として 1 を代入している．2 行目から 4 行目が while 構文で，2 行目で変数 i が 3 以下の間，処理を繰り返すという条件式を指定している．字

下げをしている 3, 4 行目が繰り返し処理される部分で，3 行目では変数 i に代入された値を print 関数で表示し，4 行目で変数 i に 1 を加算している（変数 i に「i+1」を代入することで 1 加算の意味になる）．その後，条件式「i <= 3」が偽となるまで（i が 4 になるまで），処理が繰り返される．

for 構文は，ループ変数と呼ばれる変数の値を数の列や指定された値の範囲で変化させながら繰り返しを行う．

図 **6.3** for 構文

for の後にループ変数を書き，その後にキーワード in を書き，その後にシーケンスを記述する．シーケンスはループ変数に順に代入していく値を並べたもので，例えば [1,2,3,4,5] と書けば，1 から 5 の値が順に i に代入され，繰り返しの処理が行われる．処理を記載する場合はインデントが必要なことに注意されたい．

ソースコード **6.10** シーケンスの値を表示（1）

```
for i in [1, 2, 3, 4, 5]:
    print(i)
```

出力結果

```
1
2
3
4
5
```

[1,2,3,4,5] のような [ ] で囲まれ，「,」で区切られた値の列は**リスト**と呼ばれ，以下のように変数に代入して扱うこともできる．

ソースコード **6.11** シーケンスの値を表示（2）

```
a = [1, 2, 3, 4, 5]
for i in a:
    print(i)
```

リストを指定する他，range 関数を用いることもできる．上の例と同じ動作をするプログラムは range 関数を使うと以下のようになる．

6.1 Python プログラミング

ソースコード **6.12** range 関数を使って繰り返し

```
for i in range(1, 6):
    print(i)
```

range(1, 6) は，連続したシーケンスに対応するオブジェクトである．range オブジェクトは for 構文などを用いる場合，リストと同様に用いることができ，range(1,6) なら「1, 2, 3, 4, 5」を順番に取り出す．表 6.4 に range 関数と range オブジェクトをリストに変換した結果を示す[7]．引数が 1 つのときは 0 から「第 1 引数-1」までの整数の列[8]，引数が 3 つのときは「第 1 引数」から始めて「第 3 引数」で指定された間隔（ステップ数）で数を増す，もしくは減らして整数のシーケンスに対応する range オブジェクトを生成する．ステップ数が正の場合は「第 2 引数」未満まで，ステップ数が負の場合は「第 2 引数」よりも大きい範囲となる．

表 **6.4** range 関数のシーケンスの内容

関数	リストに変換した結果
range(5)	[0,1,2,3,4]
range(3,7)	[3,4,5,6]
range(0,10,2)	[0,2,4,6,8]
range(5,0,-1)	[5,4,3,2,1]

演 習

1. ロケット打ち上げを想定し，キーボードで入力した正の整数から 0 までカウントダウンを行い，0 の時点で「発射!」と表示されるプログラムを作成せよ．

6.1.4 データ型

これまでのプログラムの中で計算などによりデータを扱ってきたが，それらには整数，実数，文字列，真と偽 (True, False) などいろいろなものがある．これらの種類のことをデータ型と呼ぶ．データ型は種類によりコンピュータ内での表現方法が異なり，プログラム内での扱いも区別する必要がある．

多くのプログラミング言語では変数を使う前に，その名前に加えデータ型を指定して，

---

[7] Python 2 では range はリストを返したが，Python3 では range オブジェクトを返す．表 6.4 の 2 列目はリストに変換した値を示していることに注意されたい．

[8] ただし，第 1 引数が 0 以下の場合は空となる．

メモリの中で必要な記憶領域の確保などを行う。このことを変数宣言と呼ぶが，Python は変数宣言が必要ない言語であり，変数に代入された値によってそのデータ型を決定する。変数宣言がなくても，データ型によって行える演算が異なったり，関数の引数として指定できるかどうかなどが決まるので，データ型は常に意識しなければいけない。

上で挙げた基本的なデータ型は，Python では以下のように記述することができる。

表 6.5　基本データ型

型	説　明	記述例
整数型 (int)	整数値を扱う	5, 8, 10, 2500
実数型 (float)	実数（浮動小数点数）を扱う	1.2, 2500.0, 1.23e+6
文字列型 (str)	文字列を扱う	"abc", 'xyz', "python"
真偽値型 (bool)	条件などで用いる真，偽の値を扱う	True, False

データ型を意識する必要があるのは，以下のような場合である。

ソースコード 6.13　データ型が違ってエラーが発生

```
1  name = "anne: "
2  orange = 450
3  peach = 250
4  melon = 1450
5  price_anne = orange*25 + peach*52 + melon*7
6  print(name + price_anne)
```

出力結果

```
    print(name + price_anne)
TypeError: must be str, not int
```

このプログラムでは，最後の print 関数で変数 name と price_anne を並べて表示させようとしている。演算子「+」は，整数や実数などの数値の計算では加算を行うが，文字列の間を結んだ場合はその 2 つの文字列を連結するという意味となる。しかし，整数と文字列の間を結んだ場合はこのようにエラーとなる。これを解決するためには，整数である price_anne を文字列に変換するとよい。str 関数は数値を文字列に変換してくれる関数で，これを使って price_anne を文字列に変換したプログラムが以下である。

ソースコード 6.14　型を変換してエラーを修正

```
1  name = "anne: "
2  orange = 450
3  peach = 250
4  melon = 1450
5  price_anne = orange*25 + peach*52 + melon*7
6  print(name + str(price_anne))
```

> **出力結果**
> anne: 34400

なお，データ型を変換する関数には，文字列を整数にする int，実数にする float がある。

6.1.5 リスト

for 構文で扱った値が並んだデータであるシーケンスにも型がある。シーケンス型としてよく使われるのはリスト (list) 型である。リスト型の値は「,」で区切られた要素を [ ] で囲むことによって記述する。

並べたデータを扱うために一般的なプログラミング言語では，変数名とそれが何番目であるかを表す添字（そえじ）を組にして扱う**配列**が用いられる。一般的なプログラミング言語で配列は，同じ型のデータを宣言した個数並べて扱う。リストは任意の型のデータを順序のみを決めて並べるもので，個数の制限等はなく，データの追加，削除が柔軟にできる。データへの参照は配列と同様に行うことができる他，以下のような柔軟な操作を行うことができる。

表 6.6 リスト操作

記述	意味
s[i]	s の 0 から数えて i 番目の要素（配列と同様）
s[i:j]	s の 0 から数えて i 番目から j-1 番目までを取り出したリスト
s[i:j:k]	s の 0 から数えて i 番目から k ずつ飛ばし，j-1 番目までを取り出したリスト
len(s)	s の長さ
min(s)	s の最小の要素
max(s)	s の最大の要素
s.index(x)	s 中の要素 x が何番目かを取得
s.append(x)	s の末尾に要素 x を追加
s.insert(n, x)	s の n 番目の位置に x を挿入
s.pop(n)	s の 0 から数えて n 番目の要素を削除
s.remove(x)	s から最初に見つかった要素 x のみを削除
x in s	s の要素に x があれば True，なければ False

ソースコード 6.15 リストの様々な操作

```
1  s = [4, 1, 5, 3, 2]
2  print(s[4]) # s[4] を表示
3  print(s[0:4]) # s[0] から s[3] まで表示
4  print(len(s)) # s の長さ（要素の数）を表示
5  print(min(s)) # s の中で最小の要素を表示
6  print(4 in s) # s に 4 が含まれている場合 True を表示
```

出力結果

```
2
[4, 1, 5, 3]
5
1
True
```

演 習

1. 以下のような生徒のテストの得点データがある。

    `h = [60, 75, 54, 98, 67, 85, 62, 51, 91, 45, 82, 71, 66, 78, 87]`

    このデータのうち 80 点以上の生徒の人数を数えて，以下のように表示するプログラムを作成せよ。

    ※ `for i in range(len(h)):` で繰り返し処理を行い，各データ h[i] が 80 以上かを調べる。

    出力結果

    ```
    15 人の生徒のうち，80 点以上の生徒は 5 人
    ```

6.1.6 リストのリスト（2 次元リスト）

　リストには任意の型の要素を並べることができるので，リストをリストの要素とする（リストをネストする）ことも可能である。例えば，生徒 A の国語，数学，英語の成績がそれぞれ 40 点, 60 点, 80 点, 生徒 B は 60 点, 75 点, 85 点だった場合，生徒ごとに [40, 60, 80], [60, 75, 85] のようにリスト型でまとめ，それをさらにリストにネストして表現することができる。このようなリストのリストを **2 次元リスト** と呼ぶ。また，中のリストの要素をさらにリストとすることができるので，3 次元以上の多次元のリストを作成することもできる。

　以下の例の場合，生徒 A の成績のリストは `score[0]`，生徒 B の成績のリストは `score[1]` で参照することができる。また，生徒 A の数学の成績は `score[0][1]`，生徒

6.1 Python プログラミング

Bの英語の成績は score[1][2] という形で参照できる。

ソースコード **6.16** 2次元リスト

```
1  score = [[40, 60, 80], [60, 75, 85]] # 2次元リスト
2  print(score[0]) # 生徒Aの成績
3  print(score[1]) # 生徒Bの成績
4  print(score[0][1]) # 生徒Aの数学の成績
5  print(score[1][2]) # 生徒Bの英語の成績
```

出力結果

```
[40, 60, 80]
[60, 75, 85]
60
85
```

2次元のリストは2重の繰り返し（ループ）を使うことによって効率的に処理を行うことができる。以下のプログラムは，2〜6行目の外側の繰り返し文と4,5行目の内側の繰り返し文から構成される。外側の繰り返し文では，変数 i に 0, 1 が順番に代入される形でループが2回実行される。初回のループでは，変数 i に 0 が代入される。3行目ではこれから計算する score[i] の生徒（最初は生徒A）の合計点を求める変数 sum を 0 にリセットする。続いて4行目からは内側の繰り返し文に入り，変数 j に 0, 1, 2 が順番に代入され，3回繰り返される。このループ処理が終わるまでは，内側の繰り返し文を抜けて先の処理を行うことはない。ループ処理が終わると，6行目の print 文が実行され，まずは生徒Aの成績の合計点と平均点が表示される。6行目を実行後，外側のループ処理は2行目に戻り，変数 i に 1 が代入され，2回目のループが実行される。

ソースコード **6.17** 2次元リストの活用

```
1  score=[[40, 60, 80], [60, 75, 85]] # 2次元リスト（i 行 j 列）
2  for i in range(2): # range(2) は [0, 1] を指定しているのと同じ
3    sum = 0 # i 人目の生徒の合計点を入れる sum を 0 にする
4    for j in range(3): # range(3) は [0, 1, 2] を指定しているのと同じ
5      sum = sum + score[i][j] # 列を 0,1,2 と進めて加えていく
6    print(sum, sum/3) # 各生徒ごとに合計点と平均点を表示
```

出力結果

```
180 60.0
220 73.33333333333333
```

演習

1. 上の例のデータを用いて，各科目ごとの平均点を求めるプログラムを書け。

6.1.7 関　数

　関数とは，与えられた値（引数）を受け取り，何らかの処理を行い，出力を返す一連の手続きのことである。例えば，print 関数は，括弧内に指定した引数を受け取り，その値を表示する関数であり，あらかじめ用意され利用できる関数である。

　また，Python には，様々な機能を追加するための関数などを集めたファイルであるモジュールが用意されており，それを読み込むことによって便利な関数を使うことができる。さらに，関数は自分でも作成することができる。関数として処理をまとめることによって，同じ処理を何度も繰り返して使う必要がある場合にそれを使い回すことができ，便利である。また，処理を区分けすることにより，処理の流れが明確になり，わかりやすいプログラムを作ることができる。ここでは，モジュールの利用方法と自ら関数を作成するにはどうすればよいかを紹介する。

a. モジュールの利用方法

　Python には，標準で用意された組み込み関数以外に，外部のファイルを読み込むことにより，様々な機能を持つ関数を使用することができる。このような他のプログラムから再利用できるようにしたファイルのことをモジュールと呼び，これを読み込む（インポートする）ことにより，その中の関数，変数，クラス[*9]などを使うことができる。

　モジュールのインポートは，import を使い，その後にモジュール名を記述する。ソースコード 6.18 は，乱数に関する処理を行うためのモジュール random をインポートし，乱数を生成する関数を使った例である。import random でモジュールをインポートした後は，モジュール名の後に「.」を付け（モジュール名.関数名），関数を呼び出すことができる。関数 random.choice は，リストからランダムに要素を 1 つ選択して返す。関数 random.random は，0 以上かつ 1 より小さい実数の乱数を生成する。関数 random.uniform(a,b) を使えば，$a \leq b$ ならば a 以上，b 以下，そうでなければ b 以上，a 以下の範囲の実数の乱数を生成することができる。また，関数 random.randrange(a,b) を使えば，range(a,b) で生成されるシーケンスの中からランダムに選んだ 1 つの数，つまり，$a < b$ とすれば a 以上，$b-1$ 以下のランダムな整数を生成することができる[*10]。

[*9] クラスは，オブジェクトを作成するための設計図のようなものである。
[*10] range( ) と同様に引数は 1〜3 個とることができ，それに対応したシーケンスから 1 つの数が選ばれる。また，random.randrange(a,b+1) と同等で a 以上 b 以下の整数の乱数を生成する関数 random.randint(a,b) がある。

ソースコード 6.18　乱数の生成

```
import random

print(random.choice(('xyz', 'yyy', 'zyx')))
print(random.random())
print(random.uniform(3.0, 5.0))
print(random.randrange(2, 8))
```

出力結果
```
zyx
0.14482969427263526
4.098404637041829
7
```

インポートされたモジュール名に別名を付け，関数の呼び出しに使うことができる．ソースコード 6.19 は，リストをシャッフルする例であるが，1 行目の `import random as r` のように，as を使い，その後に別名を指定することにより，関数の呼び出し時に「`random.`」と書く代わりに，「`r.`」と書けばよくなる．この例では，3 行目で `range(10)` で生成される 0～9 の数のシーケンスを `list( )` でリストに変換して x に代入している．このリストを random モジュールの関数 shuffle を使ってランダムにシャッフルしている．ここでは r という別名を付けているので，`r.shuffle(x)` という形で呼び出すことができる．

ソースコード 6.19　リストをシャッフル

```
import random as r

x = list(range(10))
print(x)
r.shuffle(x)
print(x)
```

出力結果
```
[0, 1, 2, 3, 4, 5, 6, 7, 8, 9]
[7, 3, 1, 6, 0, 9, 4, 8, 2, 5]
```

また，`from モジュール名 import 関数名` と書くことにより，モジュール名を指定せずにモジュール内の関数を呼び出せるようになる（ソースコード 6.20）．なお，関数名は「,」で区切り，複数書くことができる．

ソースコード 6.20　リストをシャッフル (ソースコード 1.13 を from を用いて書き換えた場合)

```
from random import shuffle

x = list(range(10))
print(x)
shuffle(x)
print(x)
```

b. 関数の定義

Python で関数は，def を使い，図 6.4 のように定義する。

```
関数定義
    def 関数名(仮引数, 仮引数, ...):
        処理
```

図 6.4　関数の定義

def の後，関数を呼び出すために使用する関数名を指定する[11]。その後，( ) で囲み，引数を受け取る変数を記述する。この変数を仮引数（かりひきすう）[12]と呼ぶ。関数呼び出し時に指定された引数の値は仮引数として指定された変数に入り，関数内で使用することができる。仮引数が複数ある場合は「,」を使い，並べて指定する。引数をとらない場合は ( ) の中には何も書かない。( ) の後には : を書いて改行し，その後は if などと同じように，字下げをしたブロックで処理を記述する。

ソースコード 6.21 はかけ算を関数 mul として定義した例である。仮引数として設定した para1 と para2 の積を計算し，print 関数で出力している。プログラムを実行すると，関数を定義しているブロック以外の部分が実行されるので，mul(5, 4) 関数のみが実行される。ここでは，引数[13]として 5, 4 を与えて関数 mul が呼び出される。その後，関数 mul の処理に移り，para1 に最初の引数 5 が，para2 に 2 番目の引数 4 が代入され，para1 * para2 の結果である 20 が出力される。

ソースコード 6.21　かけ算関数

```
def mul(para1, para2): # 関数の定義（1～2 行目）
    print(para1 * para2)

mul(5, 4) # 関数 mul の実行
```

---

[11] 関数名には変数名と同様，予約語を使うことはできない。また，組み込み関数と同じ名前にすることは避けるべきである。

[12] 仮引数の役割は「関数の処理を記述に際して受け取る引数に名前をつける」ことにある。

[13] 仮引数に対して，実際に与えられる引数なので実引数と呼ばれる。

c. 関数の戻り値

関数の処理結果の値を呼び出したプログラム返すことができる。この値のことを**戻り値**（リターンバリュー）と呼ぶ。戻り値は return 文によって返すことができる。

ソースコード 6.22 では，引数として渡された 2 つの値の積を計算し，その結果を戻り値として返す関数 mul2 を定義している。プログラムを実行すると，print(mul2(5,4)) により関数 mul2 が呼び出される。関数内では引数として渡された 5*4 の結果が変数 result に入り，return 文によりそれが戻り値として返される。元の処理に戻ると，戻り値は print の引数となるので，計算結果 (20) が表示される。

ソースコード 6.22　かけ算の結果を戻り値として返す

```
def mul2(para1, para2):
  result = para1 * para2
  return result

print(mul2(5,4))
```

演習

1. 引数として与えられた数が素数かどうかを判定し，素数ならば True，そうでないならば False を返す関数 prime を作成し，1 より大きい整数を入力したとき，入力した数が素数かどうかを判定するプログラムを作成せよ。

6.2 AIプログラミング演習——機械学習の基礎

本節では，機械学習の基本的な概念をシンプルな線形回帰を例にして実装しながら体験する．用語の理解とPythonを使った実装，またデータを使ったモデルの学習，学習したモデルで未知のデータについての予測という一連の流れを理解することを目指す．ここでのモデルとは，入力に対する出力を予測する計算式を指しており，パラメータと呼ばれる変数を介して入力と出力の関係を記述する．

6.2.1 線形回帰とは

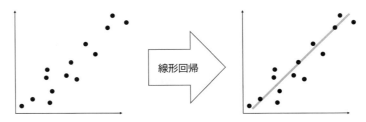

図 6.5 演習のイメージ図

線形回帰は与えられたデータポイント間の関係を理解し，予測を行うための最も基本的な機械学習技術の一つである．一般に線形回帰では，入力されるデータの値の重み付き和，つまり係数をかけて足すことで出力を予測する．ここではさらに入力・出力ともに1次元（1変数）の例を扱うため，単に直線で近似することに相当する．

直感的な例として，家の広さと価格の関係を考えてみよう．入力（横軸）として部屋の坪数，出力（縦軸）としてその家の家賃をとると，おおよそ右上がりのプロットとなることが予想できる．これは坪数が大きくなるほど家賃も高くなることを示している．さらにこの関係を線形，すなわち直線で近似するのが線形回帰である．数式で書くと x を坪数，y を家賃として，$y = ax + b$ というモデルを考えることに相当する．データ（坪数と家賃の具体例）を集めてプロットし，a や b を計算しておくことで，データにはなかった坪数 x についても家賃を予測できるようになる．なお，このような比例関係は1次元の場合における線形な関係となっている．

もちろん現実には家賃は坪数だけで決まるわけではない．前述の例は他の影響は誤差とみなした線形回帰だが，他の要素も考慮する線形回帰や線形ではなくモデルを考えることもできる．より複雑なモデルの例として深層学習を次節で取り扱う．

6.2.2 演習（機械学習）

演習では，Python と scikit-learn というライブラリを使用して，基本的な線形回帰モデルの作成・適用する方法を学ぶ．以降では，ライブラリのインポート，サンプルデータ生成，データの分割，線形回帰モデルの作成・学習，学習済モデルによる予測の順に解説する．なお，本演習で利用する全体プログラムは，本節の最後に掲載したソースコード6.33に示している．ソースコード6.33のプログラムとソースコード6.23から6.32の行番号が対応しているので，適宜参照してほしい．

a. ライブラリのインポート

最初に，本プログラムで使用する以下の Python ライブラリをインポートする．機械学習を行うために「scikit-learn」，数値計算を行うための「NumPy」，画像を表示するための「Matplotlib」のライブラリを使用する．

- `LinearRegression`: scikit-learn ライブラリの一部で，線形回帰分析を行うクラス．線形回帰は与えられたデータポイント間の線形な関係をモデリングし，新しいデータポイントに対する予測を行う
- `train_test_split`: scikit-learn ライブラリの一部で，データセットを学習データセットとテストデータセットに分割するための関数
- `matplotlib.pyplot`: Matplotlib ライブラリの一部で，グラフ描画のモジュール
- `numpy`: データの生成や操作を効率的に行うための数値計算用ライブラリ

ソースコード 6.23　ライブラリのインポート

```
1  ### ライブラリのインポート
2  from sklearn.linear_model import LinearRegression
3  from sklearn.model_selection import train_test_split
4  import matplotlib.pyplot as plt
5  import numpy as np
```

4行目の `matplotlib.pyplot as plt` と記載することでコード内で `matplotlib.pyplot` と何度も書く代わりに，短い `plt` を用いて記載することができる．5行目の `np` も同様である．ここでの `plt` や `np` などはそれぞれの省略形として広く用いられている．

b. サンプルデータの生成

線形回帰では，モデル $y = ax + b$ に対して，x と y の組からなる複数のデータポイントから，係数である a, b を決定する．ここで x は説明変数，y は目的変数である．本演習では線形回帰モデルを学習するために，シンプルな線形関係 $y = 3x + 4$ を持つデータ

を生成する。その後，データだけから，設定した係数3や4を推定できるかを試す。

ソースコード 6.24 では，NumPy の numpy.random モジュールを用いてランダムなデータ点を作成し，それにランダムなノイズを加えることで，現実で観測されるようなノイズの混じったデータを模したデータ集合を生成している。

ソースコード **6.24**　サンプルデータ生成

```
### サンプルデータ生成（シンプルな線形関係を持つデータ）
# 乱数生成のシードを設定
np.random.seed(0)

# xの値 0 から 2 の範囲でランダムな 100 個のデータ点を生成
X = 2 * np.random.rand(100, 1)

# y = 3x + 4 の線形関係に基づき，各 X 値に対する y 値を計算し，ノイズを加える
y = 3 * X + 4 + np.random.randn(100, 1)
```

9 行目の np.random.seed(0) は乱数生成器のシードを 0 に設定する。これにより，このコードを実行するたびに同じ乱数が生成され，結果が再現可能になる（計算機による乱数は擬似乱数生成器で生成されるため，シードと呼ばれる初期値を固定することでいつも同じ乱数値を得ることができることによる。）

12 行目の X = 2 * np.random.rand(100, 1) は，0 から 2 の範囲でランダムな値を持つ 100 個のデータ点を生成する。ここで np.random.rand(100, 1) は 0 から 1 までのランダムな値を生成し，それに 2 を掛けることで範囲を 0 から 2 に拡大する。

15 行目の y = 3 * X + 4 + np.random.randn(100, 1) では，生成した X の値に対して線形方程式 $y = 3x + 4$ を用いて目的変数 y の値を計算する。ここで，3 * X + 4 は直線の方程式を表し，np.random.randn(100, 1) で生成される標準正規分布に従うランダムなノイズを y 値に追加することで，データにばらつきを持たせる。ここで与えたノイズは観測誤差やモデルの誤差（実際には線形ではなかった場合など）に該当する。

前述のプログラムで生成したデータ点を可視化したものが図 6.6 である。

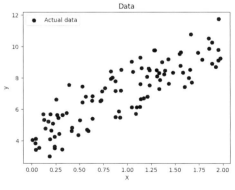

図 **6.6**　データ生成

6.2 AIプログラミング演習——機械学習の基礎

データ点は，xの値を0から2の範囲でランダムに生成し，$y = 3x + 4$の線形関係に基づき，各x値に対するy値を計算し，ノイズを加えたものである．おおよそ右上がりに点がプロットされており，具体的な傾きの値まではわからないまでも，全体としてはxが大きくなるほどyも大きくなることは読み取れる．

ここまでで，線形関係に少しのランダムノイズが加わったデータセットを準備した．これを用いて線形回帰を試し，係数を具体的に予測する．

c. データの分割

通常，線形回帰（あるいはより一般に回帰）を行う目的は，未知の入力に対する出力の予測である．しかしながら，観測したデータをすべて学習に使用してしまうと，学習したモデルが与えたデータに過度に最適化されてしまうことがある．つまり学習データについてはうまく予測できるが，未知の入力に対して，予測が当たらなくなる．このような現象を**過学習**と呼び，線形回帰を予測モデルとして用いる場合にはこのように過学習となることを避けるべきである．

過学習が生じているかどうかを検証するための方法として，観測データをあらかじめ学習に用いるデータ（学習データセット）とモデルの性能を評価するための検証用のデータセット（テストデータセット）に分けておき，学習データセットのみでモデルを学習する．これにより，学習したモデルにとってテストデータセットは未知になるため，擬似的に未知データでの予測性能を確かめることができる．ソースコード6.25[*14]では`train_test_split`関数を使用して学習データセットとテストデータセットに分割する．今回は，データの80%を学習に，残りの20%をモデルの性能評価に使用する．

ソースコード 6.25 データの分割

```
17  # データを80%の学習データセットと20%のテストデータセットに分割（\は改行のため）
18  X_train, X_test, y_train, y_test = \
19  train_test_split(X, y, test_size=0.2, random_state=0)
```

[*14] プログラムの可読性のために，長くなったコードを改行したい場合には，バックスラッシュ\を使用する．

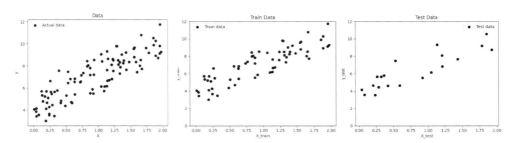

図 6.7 データ分割（右：全データセット，中央：学習データセット，左：テストデータセット）

ここで，train_test_split 関数の第 1 引数の X と第 2 引数の y はソースコード 6.24 で用意した入力データと目的変数である。第 3 引数の test_size=0.2 は，全データのうち 20% をテストデータとして割り当てることを意味し，残りの 80% は学習データとして使用される。第 4 引数の random_state=0 は分割のランダム性をコントロールするためのパラメータであり，これを設定することで分割結果が再現可能になる。

X_train, X_test, y_train, y_test= で始まる式では，train_test_split から返される値をそれぞれ X_train, X_test, y_train, y_test に代入している[*15]。これにより，学習用の入力データ（X_train）とテスト用の入力データ（X_test），学習用の目的変数（y_train）とテスト用の目的変数（y_test）がそれぞれ確保される。このコードを実行することで，データの分割が行われ，機械学習モデルの学習と評価に適切にデータを用意することが可能となる。

なお，モデルの設計に様々なパラメータがあるような現実的なケースでは，単に学習データセットとテストデータセットではなく，学習データセット・モデルの設計の良し悪しを検証するための検証データ（バリデーションデータセットあるはデベロップメントセット）・最終的な性能を評価するためのテストデータセットの 3 つに分割することが多い。

d. 線形回帰モデル

学習に使用するデータが準備できたため，学習モデルを構築する。学習モデルには sckit-learn からインポートした LinearRegression クラスを使用する。このクラスには，内部で計算や予測に必要な様々なパラメータの初期設定が含まれており，ソースコード 6.26 の 22 行目に示す 1 行で線形回帰を行うモデルが構築できる。LinearRegression クラスを呼び出し，オブジェクト model を作成している。このように，クラスとして実装された機能を具体的なオブジェクトとして実体化し用いることをインスタンス化と呼び，こ

[*15] Python では，変数と値を「, (カンマ)」で区切り，複数の変数に値を同時に代入できる。例えば，"x, y = 1, 5" とした場合，x に 1，y に 5 が代入される。

の場合のオブジェクトをインスタンスと呼ぶ。したがって，modelはLinearRegressionクラスのインスタンスである。クラスでは機能の他に，それに関係する変数（ここでは係数aとバイアスbなど。メンバ変数と呼ばれる）を定めることができる。インスタンス化を行うことにより，これらの変数をmodel内部に保持することができ，関連が明確になるのでプログラムの見通しが良くなる。詳しくは章末の文献[3], [10]などを参照すると，クラスやインスタンスなどの概念を用いた，見通しのよいプログラミングの方法（パラダイム）としてオブジェクト指向プログラミングについて学ぶことができる。

以降はここで準備したmodelを用いることで線形回帰を行う。

ソースコード 6.26　線形回帰モデル

```
21  # 線形回帰モデルをインスタンス化
22  model = LinearRegression()
```

e. モデル学習

scikit-learnが提供するfit関数を使用して，学習データセットをモデルに適合させる。このステップでは，線形なモデル $y = ax + b$ のパラメータ a, b を調整して，学習データセットによく当てはまるように調整する。

ソースコード 6.27　学習データにモデルを適合

```
24  # fit 関数を使用して，学習データにモデルを適合
25  model.fit(X_train, y_train)
```

modelは線形回帰のインスタンスであり，fit関数を用いて学習データセットにあてはめることで，モデルが入力データ（X_train）と目標変数（y_train）の関係性を学習する。この過程では，最小二乗法を用いて誤差を最小化することで，データに最もよく適合する直線を計算する。具体的には，モデルはデータポイントと直線の間の縦距離（残差）の二乗和を最小化するように内部の重み（係数，a）とバイアス（切片，b）を調整する。この学習結果により，モデルは未知のデータに対する予測を行うための a と b を内部に持つことになる。

f. データに対する予測の実行

モデルの学習が完了後，scikit-learnが提供するpredict関数を使用してテストデータセットについて予測を行う。これにより，モデルが未知のデータにどの程度うまく適応するかを評価できる。predict関数を使用して，テストデータのX値に対するy値を予測する。

ソースコード 6.28　テストデータの予測

```
27  # predict 関数を使用して，テストデータの X 値に基づいて y 値を予測
28  y_pred = model.predict(X_test)
```

28 行目の predict 関数は，線形回帰モデルによって学習された重みとバイアスを使用して，新しい入力データ（ここでは X_test）に対応する目標変数（ここでは y の値）を予測する。データセットを分割して学習データセットで学習したため，X_test はモデルがまだ見ていないデータからなる。このデータを使って y の値を予測することができれば，このモデルを使った予測ができることを確認できる。変数 y_pred には predict 関数から返された予測値が格納される。これは，テストデータに対するモデルの出力（予測された y の値）を表す。

g. 予測結果の視覚化

matplotlib.pyplot を使用して実際の目標変数と予測された目標変数を描画する。これにより，モデルのデータに対する予測結果を視覚的に評価できる。

ソースコード 6.29　実際のデータと予測をプロット

```
30  # 実際のデータと予測をプロット
31  plt.scatter(X_test, y_test, color='black', label='Actual data')
32  plt.plot(X_test, y_pred, color='blue', linewidth=3, label='Regression line')
33  plt.xlabel('X')
34  plt.ylabel('y')
35  plt.title('Simple Linear Regression')
36  plt.legend()
37  plt.show()
```

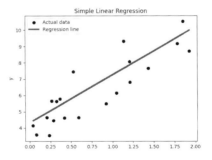

図 6.8　線形回帰による予測のプロット

このグラフでは，点（カラー環境の場合には黒い点）が実際のテストデータセットを表し，直線（カラー環境の場合には青い直線）がモデルによる予測（回帰直線）を示している。今回は線形回帰なので，グラフは直線となっている。学習した線形回帰モデルの係数と切片は以下のようにして確認可能である。

続いて，学習済みのパラメータを確認する（ソースコード 6.30）。この結果は，元のデータを作ったときの真の式 $y = 3x + 4$ に近い値である。したがって，モデルが適切に学習されたことが確認できる。ただし，現実の問題に線形回帰を適用する場合，真の式は未知なので，テストデータセットなどで評価を行う必要がある。

ソースコード 6.30 学習済みのパラメータを表示

```
39  # 学習済みのパラメータを表示
40  print("学習済みの係数:", model.coef_[0])
41  print("学習済みの切片:", model.intercept_)
```

出力結果

```
学習済みの係数 ：[2.80232074]
学習済みの切片：[4.04325864]
```

h. 評価指標の計算

モデルの予測性能を定量的に評価するためには，いくつかの統計的指標を用いることが一般的である。ここでは，代表的な指標である平均二乗誤差（MSE）と平均絶対誤差（MAE）について説明する。

平均二乗誤差（MSE: Mean Squared Error）

平均二乗誤差は，予測値と実際の値の差の二乗の平均を計算することで，モデルの予測誤差の大きさを評価する。MSE の値が小さいほど，モデルの予測が実際の値に近いことを示しており，モデルの精度が高いと評価できる。

ソースコード 6.31 モデルの評価

```
44  from sklearn.metrics import mean_squared_error, mean_absolute_error, r2_score
45
46  # モデルの評価（MSE: Mean Squared Error を計算）
47  mse = mean_squared_error(y_test, y_pred)
48  print("Mean Squared Error: ", mse)
```

出力結果

```
Mean Squared Error: 0.0950069235339026
```

平均絶対誤差（MAE: Mean Absolute Error）

平均絶対誤差は，予測値と実際の値の差の絶対値の平均を計算する。MSE と同様に，MAE の値が小さいほど，モデルの予測精度が高い。MAE は，誤差の平均的な大きさを示しており，MSE と比較すると外れ値の影響を受けにくいという特性がある。

ソースコード **6.32** 誤差の表示

```
50  # Mean Absolute Error (MAE) 実際の値と予測値の絶対値の平均。値が小さいほど良い。
51  mae = mean_absolute_error(y_test, y_pred)
52  print("Mean Absolute Error:", mae)
```

出力結果

```
Mean Absolute Error: 0.24093511983190866
```

ソースコード **6.33** 深層学習演習のコード全体

```
1   ### ライブラリのインポート
2   from sklearn.model_selection import train_test_split
3   from sklearn.linear_model import LinearRegression
4   import matplotlib.pyplot as plt
5   import numpy as np
6
7   ### サンプルデータ生成（シンプルな線形関係を持つデータ）
8   # 乱数生成のシードを設定
9   np.random.seed(0)
10
11  # x の値 0 から 2 の範囲でランダムな 100 個のデータ点を生成
12  X = 2 * np.random.rand(100, 1)
13
14  # y = 3x + 4 の線形関係に基づき，各 X 値に対する y 値を計算し，ノイズを加える
15  y = 3 * X + 4 + np.random.randn(100, 1)
16
17  # データを 80% の学習データセットと 20% のテストデータセットに分割（\は改行のため）
18  X_train, X_test, y_train, y_test = \
19  train_test_split(X, y, test_size=0.2, random_state=0)
20
21  ### 線形回帰モデルをインスタンス化
22  model = LinearRegression()
23
24  ### # fit 関数を使用して，学習データにモデルを適合
25  model.fit(X_train, y_train)
26
27  ### predict 関数を使用して，テストデータの X 値に基づいて y 値を予測
28  y_pred = model.predict(X_test)
29
30  ### 実際のデータと予測をプロット
31  plt.scatter(X_test, y_test, color='black', label='Actual data')
32  plt.plot(X_test, y_pred, color='blue', linewidth=3, label='Regression line')
33  plt.xlabel('X')
34  plt.ylabel('y')
35  plt.title('Simple Linear Regression')
36  plt.legend()
37  plt.show()
38
39  ### 学習済みのパラメータを表示
40  print("学習済みの係数 :", model.coef_[0])
41  print("学習済みの切片:", model.intercept_)
42
43  ### 評価指標の計算
44  from sklearn.metrics import mean_squared_error, mean_absolute_error, r2_score
45
46  # モデルの評価（MSE: Mean Squared Error を計算）
47  mse = mean_squared_error(y_test, y_pred)
48  print("Mean Squared Error:", mse)
49
50  # Mean Absolute Error (MAE) 実際の値と予測値の絶対値の平均。値が小さいほど良い。
51  mae = mean_absolute_error(y_test, y_pred)
52  print("Mean Absolute Error:", mae)
```

6.3 AI プログラミング演習——深層学習

本節では，深層学習の基本的な概念と用語を理解し，Python を使ったシンプルな深層学習モデルの実装を学ぶ．前節では線形なモデルを用いて，簡単な回帰問題を解いた．深層学習を用いることで，より複雑で非線形な問題にも対応したモデルを設定した上で，このモデルのパラメータを学習によって調整し未知のデータにもうまく予測することができる．本節では手書きの数字を認識し，書かれているものがどの数字かを当てるクラス分類と呼ばれる問題に深層学習を用いる．

6.3.1 深層学習とは

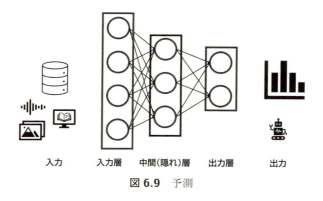

図 6.9 予測

深層学習は，人間の脳の神経回路網を模倣した計算モデルであるニューラルネットワークを活用して，データから複雑なパターンを学習する一連の技術である．2 章でも触れたように，この技術は画像認識，音声認識，自然言語処理，ロボティクスなど，多くの分野で進歩をもたらしている．

深層学習モデルの基本的な構成要素は，層 (layer) である．各層は入力データを受け取り，数学的処理を行い，出力を次の層へと送る．このプロセスは，入力層から始まり，1 つ以上の隠れ層を経て，出力層で終わる．隠れ層はモデルの主要な学習部分であり，複数の層を通じてデータからより高度な特徴を抽出する．隠れ層が多いほど，モデルはより複雑なパターンを学習する能力が向上する．他方，問題の複雑さに対して過剰な隠れ層を設定すると，計算コストが大きくなることに加えオーバーフィッティング（過学習）の問題が生じることが知られている．また，画像に対する畳み込みニューラルネットワークに代表されるように，入力・出力するデータ形式やタスクに応じたネットワーク構造が様々提案されている．ニューラルネットワーク技術は未だ日進月歩で進歩を続けており，応用される範囲も広がり続けている．

6.3.2 深層学習の実装手順

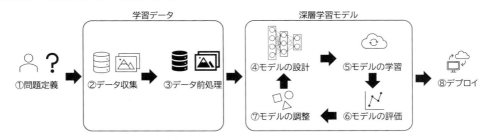

図 6.10 深層学習の実装手順

深層学習の実装は，問題の定義から始まり，データの準備，モデルの選択と訓練，評価と最適化，そして実用化という一連の手順で進められる（図 6.10）。

1. 問題の定義と目的の設定

まず，何を達成したいのかを明確にする。例えば，「手書きの数字を認識したい」といった具体的な目的を設定する。

2. データの収集

目標を達成するために必要なデータを集める。これは，モデルが学習するための「学習教材」にあたる。データは信頼性が高く，目的に適したものであることが重要である。

3. データの前処理

集めたデータをそのまま使うと，ノイズや欠損値が含まれている場合がある。データの質を高めるために以下ようなの処理を行うことを前処理と呼ぶ。

- **クリーニング**：不要な情報や誤ったデータを取り除く。
- **正規化**：データの尺度を統一する。
- **分割**：データを訓練用とテスト用に分ける。

4. モデル設計

解決したい問題に適した深層学習モデルを設計する。一般的なモデルには以下があり，設計したモデルをプログラミング言語（例えば Python）と深層学習ライブラリ（TensorFlow や PyTorch など）を使って実装する。

- **フィードフォワードネットワーク，マルチレイヤーパーセプトロン（FNN, MLP）**
  ：基本的なモデルで，全結合層を組み合わせることで構成する。
- **畳み込みニューラルネットワーク（CNN）**：画像や音声など，時間や空間に連続す

る情報に適している．特に並進不変性という性質があり，同じパターンが空間的・時間的にどこに生じても同じように認識できるという特徴を持つ．
- **リカレントニューラルネットワーク（RNN）**：時系列データや自然言語など，順序のあるデータに適している．

5. モデルの訓練（トレーニング）

前処理したデータを使ってモデルを学習させる．モデルはデータからパターンを見つけ出し，予測や分類ができるようになる．

6. モデルの評価

訓練とは別のテスト用データを使って，モデルの性能を評価する．評価指標としては，正答率や損失値などがある．

7. ハイパーパラメータの調整

モデルの性能を最適化するために，以下のような設定値を調整する．

- **学習率**：モデルのパラメータをどれくらい大きく更新するか，つまりモデルがどの程度速く学習するか
- **エポック数**：データを何回繰り返して学習するか
- **バッチサイズ**：一度にまとめて処理（勾配を計算）するデータの数

8. モデルのデプロイ（展開）

最終的に，完成したモデルを実際の環境で使えるようにする．これはウェブアプリケーションやモバイルアプリに組み込むことが多い．

上記に示した流れを理解することで，様々な分野で深層学習を活用できるようになる．本演習では，入力画像から0から9の数字を分類する数字認識モデルを実装するが，前項で説明した実装手順に適応すると図6.11のようになる．次節では実際に手書き数字画像を題材にした数字認識モデルの実装を行う．

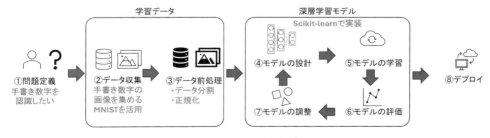

図 6.11 演習の実装手順

6.3.3 演習（深層学習）

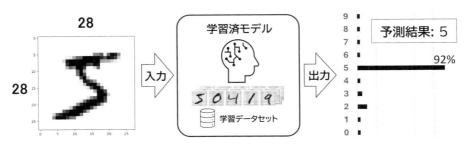

図 6.12 手書き数字画像を題材にした数字認識モデル

本演習では，入力画像から 0 から 9 の数字を分類する数字認識モデルを実装する．本演習はライブラリのインポート，学習データセットの読み込み，学習データ前処理，深層学習モデルの作成・学習，学習済モデルの評価の順番で進めていく．なお，本演習で利用する全体プログラムは，本節の最後に掲載したソースコード 6.44 に示している．

a. ライブラリのインポート

本プログラミングでは，深層学習を行うために「scikit-learn」，数値計算を行うための「NumPy」，画像を表示するための「Matplotlib」，「Seaborn」のライブラリを使用する．最初に，以下の Python ライブラリをインポートする．

- numpy: 数値計算を効率的に行うために使用する数値計算用ライブラリ
- matplotlib.pyplot: Matplotlib ライブラリの一部で，グラフ描画のモジュール
- seaborn: Matplotlib の機能を美しく，簡単に実現するための可視化ライブラリ
- fetch_openml: OpenML のデータセットをダウンロードするために使用する関数
- train_test_split: データセットを学習データセットとテストデータセットに分割するための関数
- MLPClassifier: 多層パーセプトロン（Multi-Layer Perceptron）と呼ばれるシンプルなニューラルネットワークを用いるために使用するクラス
- confusion_matrix: クラス分類の結果を可視化する関数
- classification_report: 結果を様々な評価指標に基づいて算出する関数

6.3 AIプログラミング演習——深層学習

ソースコード **6.34** 必要なライブラリのインポート

```
1  # 必要なライブラリのインポート
2  import numpy as np
3  import matplotlib.pyplot as plt
4  import seaborn as sns
5  from sklearn.datasets import fetch_openml
6  from sklearn.model_selection import train_test_split
7  from sklearn.neural_network import MLPClassifier
8  from sklearn.metrics import confusion_matrix, classification_report
```

6.2.2項の機械学習演習でも使用した `numpy` は配列操作や多次元データの扱いに優れており、数値計算を効率的に行うために使用する。`sklearn.datasets.fetch_openml` は後述する MNIST のデータセットをダウンロードするために使用する。`sklearn` で始まるライブラリは、パッケージ scikit-learn によって提供されており、深層学習に用いる多層パーセプトロンのクラスや性能評価のための関数をインポートしている。

b. MNIST データセットの読み込みとサイズの確認

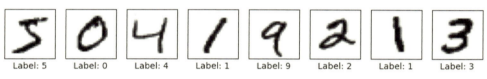

図 **6.13** MNIST データセット

次に、データセットを準備する。本演習では、手書き数字画像の大規模なデータセットである MNIST（図 6.13）を利用する。MNIST は 0 から 9 までの手書き数字の画像（28×28 ピクセルのサイズ）と正解ラベルのペア 70,000 個を含むデータセットである。

ソースコード 6.35 の 12 行目で、MNIST データセットを読み込んでおり、X に画像データが、y に正解ラベルが読み込まれる。本演習では、60,000 個を学習データセットに、10,000 個をテストデータセットとして用いることとし、19～20 行目で `train_test_split` 関数を用いて、データセットを学習データセットとテストデータセットに分割している。23～24 行目では、配列の大きさ（行数・列数）を取得する Numpy の `shape` 関数を用いて、学習データとテストデータのサイズを表示している。

ソースコード 6.35　MNIST データセットの読み込み

```
# MNIST データセットの読み込み（\は改行のため）
X, y = \
fetch_openml('mnist_784', return_X_y=True, as_frame=False, parser='pandas')

# データセットサイズを決める
train_samples = 60000
test_size = 10000

# 訓練データとテストデータにわける
X_train, X_test, y_train, y_test = train_test_split(X, y, random_state=0, \
train_size=train_samples, test_size=test_size, shuffle=True)

# データセットのサイズを表示
print("学習データのサイズ:", X_train.shape)
print("テストデータのサイズ", X_test.shape)
```

出力結果

学習データのサイズ：(60000，784)
テストデータのサイズ：(10000，784)

　出力結果の「学習データのサイズ：(60000，784)」は，学習用の画像が 60,000 枚あり，それぞれの画像が 784 次元のベクトルとして扱われていることを示している。MNIST の各画像は図 6.14 に示すように 28 × 28 ピクセルのサイズで，28 行と 28 列から成るグリッド上のピクセルで構成されている。ここではグリッド上の値を一列に並べて，784 次元のベクトル（28 × 28 = 784）として考える。これらの画像は，深層学習モデルを「学習」させるために使用される。

　「出力結果のテストデータのサイズ：(10000，784)」は，テスト用の画像が 10,000 枚あることを意味する。同じく，各画像は 28 × 28 ピクセルからなり，784 次元のベクトルとして扱われる。

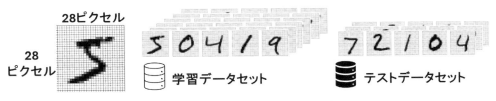

図 6.14　データセットのイメージ

6.3 AI プログラミング演習――深層学習

c. 一部のデータを可視化

図 **6.15** 学習データセットの可視化（最初の 5 枚）

データセットの理解を深めるために，いくつかの学習画像を可視化してみよう。これにより，MNIST データセットが実際にどのような画像から構成されているかがわかる。ソースコード 6.36 は学習データセットの最初の 5 枚の画像とそれぞれのラベル（画像が表す数字）を表示するプログラムで，図 6.15 が実行結果である。

1 行目で matplotlib ライブラリの `subplot` 関数を用いて，5 枚の画像を並べて描画するための準備をし，2 行目以降で 784 次元のベクトルとして記述されているデータを，NumPy の `reshape` 関数によって 28 × 28 に並べ替え，画像として描画し，ラベルとともに表示している。

ソースコード **6.36** データセットを画像として表示

```
fig, axes = plt.subplots(1, 6, figsize=(15, 3))
for i, ax in enumerate(axes):
    ax.imshow(X_train[i].reshape(28, 28), cmap='gray')
    ax.set_title("Label:" + y_train[i])
    ax.axis('off')

plt.show()
```

d. データの前処理とその影響の確認

ニューラルネットワークにデータを入力する前に，データを正規化する。これは，データを 0 から 1 の範囲内に収める処理で，モデルの学習を効率的にする。

図 **6.16** データ前処理

次のプログラムで，前処理前のデータがどうなっているか表示してみよう。

ソースコード 6.37　データの前処理前の中身

```
1  # データの正規化前のサンプルを表示
2  plt.imshow(X_train[0].reshape(28, 28), cmap=plt.cm.binary)
3  plt.title("Sample Before Normalization (Label:" + y_train[0], ")")
4  plt.show()
5
6  # 正規化前の最初の画像の全ピクセル値を表示
7  print("Sample pixel values before normalization:")
8  print(X_train[0]) # 最初の画像の全ピクセル値を表示
```

出力結果

```
Sample pixel values before normalization:
[  0   0   0 ...
... 40 195 126   6   0   0 ...
...  0   0   0]
```

画像データは 0 から 255 の数値で表現されているために，255 で割ることで正規化を行う。データの前処理後の中身をみてみよう。データが正規化され，0 から 1 の間の数値になっていることが確認できる。

ソースコード 6.38　データの正規化

```
26 # データの正規化
27 X_train = X_train / 255.0
28 X_test = X_test / 255.0
29
30 # 正規化後のサンプルを表示
31 plt.imshow(X_train[0].reshape(28, 28), cmap=plt.cm.binary)
32 plt.title("Sample After Normalization (Label:", y_train[0], ")")
33 plt.show()
34
35 # 正規化後の最初の画像の全ピクセル値を表示
36 print("Sample pixel values after normalization:")
37 print(X_train[0]) # 最初の画像の全ピクセル値を表示
```

出力結果

```
Sample pixel values after normalization:
[ 0.         0.         0.         ...
 ... 0.15686275 0.76470588 0.49411765 0.02352941 ...
 ...  0.         0.         0.        ]
```

e. ラベルの one-hot エンコーディング

図 6.17 one-hot エンコーディング

各画像には，それが何の数字であるかを示すラベルがあり，これは 0〜9 の整数で記述される。このラベルを one-hot エンコーディングという方法で変換すると，ニューラルネットワークでの学習に都合が良い。one-hot エンコーディングとは，各カテゴリを表すラベルを，二値（0 と 1）の配列に変換する。ここでは，MNIST データセットのラベル（0 から 9 までの数字）を one-hot エンコードしている。例えば，数字「5」のラベルを one-hot エンコードする場合，以下のように変換される。

- エンコーディング前：5
- エンコーディング後：[0, 0, 0, 0, 0, 1, 0, 0, 0, 0]

手書き数字の 0 から 9 までの数字を用いているために 5 は 0 から数えて 6 番目となる。つまり 5 を one-hot エンコードする場合，この配列において 6 番目だけが「1」で，他の要素はすべて「0」にする必要がある。これにより，モデルは「5」という数字を，0 から 9 の 10 個の異なるカテゴリの中の 1 つとして簡単に識別できる。

one-hot エンコーディングは，各カテゴリである「確率」と解釈することができる。すなわち，値が 0 の要素は確率が 0%，値が 1 の要素は確率が 100% である。ニューラルネットワークの出力もそれぞれの確率分布とみなすと，one-hot エンコーディングによる表現が真値として対応していることがわかる。

今回の実習では自動的にライブラリがラベルを解釈するため，明示的な one-hot エンコーディングへの変換は不要である。

f. 深層学習モデルの構築

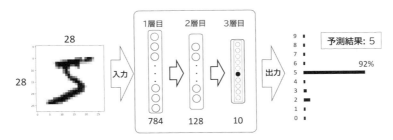

図 6.18 深層学習モデル

ここで，深層学習モデルを構築する。このモデルは，画像を入力として受け取り，それがどの数字であるかを識別する。ニューラルネットワークの構成要素のうち，層の間ですべての要素（ニューロン）を接続するものを，全結合層（fully-connected layer，FC）や線形層（Linear Layer）と呼ぶ。また，全結合層と活性化関数を用いて構築されるニューラルネットワークを多層パーセプトロン（Multi-Layer Perceptron，MLP）と呼ぶ。多層パーセプトロンはシンプルで基本的なニューラルネットワークの実装であり，様々なニューラルネットワーク構造の基本構造となっている[16]。

ソースコード 6.39 深層学習モデルの構築

```
# 深層学習モデルの構築
model = MLPClassifier(hidden_layer_sizes=(128,), # 中間層
                      activation='relu',
                      solver='adam',
                      max_iter=5, # エポック数
                      verbose=True) # 学習の進行状況を表示
```

ここで定義したニューラルネットワークに対して MNIST のデータを入力した場合，入力は 784 次元，中間層が 128 次元で出力が 10 次元となる。`MLPClassifier` を用いる場合，入力と出力の次元数は自動的に計算される。

ここではニューラルネットワークの層の間に非線形性を導入するための活性化関数として，「ReLU（Rectified Linear Unit）」を用いている。また `MLPClassifier` を用いる場合，出力には活性化関数として「Softmax」を使用する。Softmax 関数は，出力層の各ニューロンからの出力をそれぞれ 0 から 1 の範囲で和が 1 になるように変換する。これにより出力をそれぞれのクラスの確率とみなすことができる。この確率は，入力画像が特

---

[16] これらの用語については，文献によって定義が異なる場合があり，必要に応じて意味を解釈することが望ましい。特に全結合層と呼ぶ場合には活性化関数を含める場合が多い。また，多層パーセプトロンの構成要素として，全結合層と活性化関数だけでなくバッチ正則化やレイヤー正則化などを含める場合もしばしば見られる。

6.3 AIプログラミング演習——深層学習

定の数字である確率を表す．この出力される確率分布から，ニューラルネットワークが入力された文字をどの数として認識したかを読み取ることができる．対象とする数字のクラス確率が大きくなるようにニューラルネットワークを調整する操作を学習と呼ぶ．

　ニューラルネットワークの学習のために用いる最適化アルゴリズムを，しばしばオプティマイザー (Optimizer) と呼ぶ．今回使用する Optimizer である Adaptive Moment Estimation(Adam) は，適応的な学習率を使用し，学習の進度に応じて各パラメータに異なる学習率を割り当てることが特徴である．これにより，学習初期においては素早く収束し，後期にはより微細な調整が可能になる．Adam は，特にディープラーニングモデルの学習において広く使用されている．

　ニューラルネットワークを学習する際には，損失関数（Loss Function）というモデルの予測結果と実際の正解との損失 (誤差) を数値化するための関数を用いる．学習とは，訓練データに対してこの損失関数を最小化するようにモデルのパラメータ（全結合層の重みなど）を調整する操作である．MNIST における数字の種類を当てるような問題，すなわちクラス分類においては，カテゴリカルクロスエントロピー (Categorical Cross-entropy) が一般的に用いられる損失関数である．本演習の手書き数字認識は 0 から 9 までの 10 クラスの分類問題であり，この損失関数が適している．この関数は，モデルの出力する確率が正しいクラスをどれだけ正確に表しているかを計算する．

　以上より，MNIST 画像データセットを分類するための基本的な深層学習モデルが構築される．このモデルは，入力された手書き数字の画像を受け取り，それが 0 から 9 のどの数字であるかを予測することができる．例えば，モデルは「この画像は数字の 3 である確率は 80%，7 である確率は 10%，とすべての数字に対して確率が生成され，他の数字である確率は残り 10%」と判断している．

g. モデルの学習

ソースコード 6.40　モデルの学習

```
46  # モデルの学習
47  model.fit(X_train, y_train)
```

　モデルの学習では，線形回帰のときと同じように訓練データを用いてモデルのパラメータを調整する．`model.fit(X_train, y_train)` によって，今回は 5 回のエポック（データセットを通じてモデルを学習する回数）でミニバッチ学習を行う．ミニバッチ学習は，機械学習や深層学習における学習方法の一つで，訓練データを小さなグループ（ミニバッチ）に分けて学習を行う．ミニバッチに分けて学習することによって，一度に扱うデータの量が小さくなり，現実的な計算リソース（メモリ使用量など）で学習を進めることができる．また，特に深層学習で用いる勾配ベースの最適化アルゴリズム（Adam など）

では，勾配を計算するためのデータをミニバッチに分割することで局所解に陥ることを回避し，効率よく学習できることが知られている。このような手法を確率的勾配降下法（Stochastic Gradient Descent, SGD）と呼ぶ。すなわち，今回学習に用いた最適化アルゴリズムである Adam は，確率的勾配降下法の一種である[17]ニューラルネットワークの学習には少し時間がかかることに留意し，このコードを実行すると次の結果が得られる。

出力結果
```
Iteration 1, loss = 0.41189149
Iteration 2, loss = 0.18940768
Iteration 3, loss = 0.13934301
Iteration 4, loss = 0.10888603
Iteration 5, loss = 0.08954738
```

これは 5 エポックの学習の出力結果である。損失関数（loss）の値がエポックを重ねるごとに減少しており，モデルがデータに適合していく様子が示されている。このように，ニューラルネットワークの訓練プロセスは，適切なパラメータ設定と詳細なモニタリングを通じて，モデルの性能を最適化することが可能である。

h. モデルの評価

テストデータを使用してモデルの性能を評価する。また，テストデータの中の 1 つの画像を選んで，モデルがどの数字を予測するかを確認する。50 行目は predict 関数の引数に，テストデータ全体を指定しており，54 行目ではテストデータの中から 1 つ目の画像を選び，予測している。この結果は，モデルがテスト画像を数字「2」と予測したことを示している。

ソースコード 6.41 テストデータに対する予測

```
49  # テストデータに対する予測
50  y_pred = model.predict(X_test)
51
52  # 単一のサンプルに対する予測結果の表示
53  img = X_test[0].reshape(28, 28)
54  prediction = model.predict([X_test[0]])
55  print("予測結果:", prediction[0])
```

出力結果
```
予測結果: 2
```

---

[17] ここでの確率的とは，ミニバッチに分割したことによりランダムなデータセットのサブセットから計算された勾配を用いる，ということを指す。勾配降下法という勾配を用いた最適化手法があり，それをオンライン学習に利用する方法が確率的勾配降下法である。

6.3 AIプログラミング演習——深層学習

i. 混同行列

MNIST は 10 種類の数字で複雑であるため，まずは 2 種類（A, B）の場合についてモデルの評価指標を説明する。このとき真値として A, B の 2 種類，予測として A, B の 2 種類があり得る。結果として，これらの組み合わせで「実際に A であり，A と予測された」「実際には A であるが，B と予測された」「実際には B であるが，A と予測された」「実際に B であり，B と予測された」という 4 通りの事象が起こり得る。これらの事象をベン図を用いて図 6.19 に示した。これらの事象について「A である」かどうかについての観点で記述すると

- 実際に A であり，A と予測された：**True Positive** (TP)
- 実際には A であるが，A ではないと予測された：**False Negative** (FN)
- 実際には A ではないが，A と予測された：**False Positive** (FP)
- 実際に A ではなく，A ではないと予測された：**True Negative** (TN)

のように，それぞれ名前が付けられている。True とは予測が正しいことを意味しており，False は予測が誤りであることを意味している。また，Positive とは予測が真（ここでは「A である」）を，Negative とは予測が偽（ここでは「A ではない」）であることを意味している。

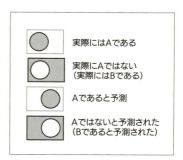

図 6.19 2 種類の場合の予測問題のベン図

これらの値を用いた，分類タスクに着目した代表的な評価指標を紹介する。

- **Accuracy**（正解率）：$\dfrac{\mathrm{TP} + \mathrm{TN}}{\mathrm{TP} + \mathrm{TN} + \mathrm{FP} + \mathrm{FN}}$
  すべての予測のうち，正しい予測の割合
- **Precision**（適合率）：$\dfrac{\mathrm{TP}}{\mathrm{TP} + \mathrm{FP}}$
  真と予測されたもののうち，実際に真であるものの割合
- **Recall**（再現率）：$\dfrac{\mathrm{TP}}{\mathrm{TP} + \mathrm{FN}}$
  実際に真であるもののうち，真であると予測されたものの割合
- **Specificity**（特異度）：$\dfrac{\mathrm{TN}}{\mathrm{TN} + \mathrm{FP}}$
  実際に偽であるもののうち，偽であると予測されたものの割合
- **F1-Score**：$\dfrac{2 \times \mathrm{Precision} \times \mathrm{Recall}}{\mathrm{Precision} + \mathrm{Recall}}$
  適合率と再現率の調和平均であり，適合率と再現率のバランスを考慮した指標

現実の問題では，目的に応じてどのような指標を用いるべきかを判断する必要がある。例えば，多少見逃したとしても，A であると予測された場合に実際に A であることを強く期待する場合には，**Precision**（**適合率**）を重視すると良い。また，B を誤って A だと予測したとしても，A であることを見逃したくない場合には **Recall**（**再現率**）を重視すると良い。一般に，**Accuracy**（**正解率**）は全体の予測の正確さを示すが，クラス間のバランスが取れていない場合には適切な指標とは言えないことがあることに注意が必要である。また，Precision と Recall はトレードオフの関係（Precision が高いと Recall が低くなり，その逆もまた然り。確信を持って正解を出すか，すべての正解を見つけるかの選択）にあるため，**F1-Score** はそのバランスを考慮した指標となっている。

2 クラスの場合には，これらの指標を用いてモデルの性能を評価することができるが，多クラスの場合には**混同行列**（Confusion Matrix）を用いて評価することが一般的である。混同行列は，モデルの予測結果と実際のラベルを比較することで，どの数字がどの数字として誤認識されやすいかを分析するのに有用である。これにより，モデルの弱点を特定できる。

このコードでは，混同行列を示しており，深層学習モデルが MNIST データセットの手書き数字の分類タスクでどのように性能を発揮しているかを視覚的に表現している。混同行列は，モデルの予測結果と実際のラベルを行と列にして配置し，各セルの数値がその予測と実際の組み合わせがどれだけ発生したかを示す。

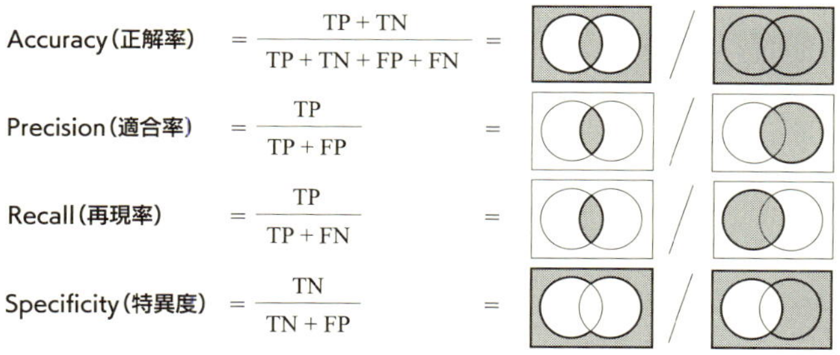

6.3　AIプログラミング演習——深層学習

$$\text{Accuracy（正解率）} = \frac{TP + TN}{TP + TN + FP + FN}$$

$$\text{Precision（適合率）} = \frac{TP}{TP + FP}$$

$$\text{Recall（再現率）} = \frac{TP}{TP + FN}$$

$$\text{Specificity（特異度）} = \frac{TN}{TN + FP}$$

図 6.20　分類問題の評価指標の図示

ソースコード 6.42　混同行列の計算

```
57  # 混同行列の計算
58  conf_matrix = confusion_matrix(y_test, y_pred)
59
60  # 混同行列の可視化
61  plt.figure(figsize=(10, 7))
62  sns.heatmap(conf_matrix, annot=True, fmt='d', cmap='Blues')
63  plt.xlabel('Predicted Label')
64  plt.ylabel('True Label')
65  plt.title('Confusion Matrix')
66  plt.show()
```

　対角線上の数字は，モデルが正しく分類した数を示す．例えば，左上の「976」は，数字「0」が実際に「0」として正しく分類されたケースの数である．非対角線上の値は，誤分類されたケースを示す．例えば，行「5」，列「3」の「5」は，本当は「5」であるにもかかわらず「3」と誤分類されたケースが5回あったことを意味する．ただし，今回はランダムに学習データセットとテストでデータセットを分割しているため，クラス間での件数が完全には一致せず，件数での純粋な比較は難しい．このことから，割合を用いた評価指標（PrecisionやRecallなど）を用いて評価することを考える．

　Classification Reportでは，評価指標として各クラスのPrecision（適合率）とRecall（再現率），F1-Scoreをまとめている．これによりどのクラスの分類が難しいかなどを割合によって比較することができる．多クラスの場合，クラスごとに正解・不正解のいずれであるかを評価することで，種々の評価指標を算出することができる．この結果をみると，Precisionとしては「5」の誤認識が多いことがわかる．このことから「5」と誤認識されたケースの多くは他の数字に誤認識されていることがわかる．また，Recallとしては「8」や「9」が間違いやすいことがわかる．このことから「8」と「9」は他の数字だと誤認識されることが多いことがわかる．このように，評価指標の意味を理解して，モデルの性能を評価することが重要である．

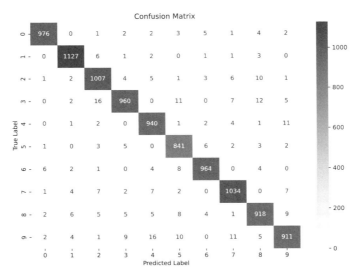

図 6.21　混同行列の出力結果

ソースコード 6.43　分類レポートの表示

```
68  # 分類レポートの表示
69  print("Classification Report:")
70  print(classification_report(y_test, y_pred))
```

出力結果

```
Classification Report:
              precision    recall  f1-score   support

           0       0.99      0.98      0.98       996
           1       0.98      0.99      0.98      1141
           2       0.96      0.97      0.96      1040
           3       0.97      0.95      0.96      1013
           4       0.96      0.98      0.97       962
           5       0.95      0.97      0.96       863
           6       0.98      0.97      0.98       989
           7       0.97      0.97      0.97      1064
           8       0.96      0.95      0.95       963
           9       0.96      0.94      0.95       969

    accuracy                           0.97     10000
   macro avg       0.97      0.97      0.97     10000
weighted avg       0.97      0.97      0.97     10000
```

6.3 AI プログラミング演習——深層学習

ソースコード 6.44 機械学習演習のコード全体

```python
# 必要なライブラリのインポート
import numpy as np
import matplotlib.pyplot as plt
import seaborn as sns
from sklearn.datasets import fetch_openml
from sklearn.model_selection import train_test_split
from sklearn.neural_network import MLPClassifier
from sklearn.metrics import confusion_matrix, classification_report

# MNIST データセットの読み込み (\は改行のため)
X, y = \
fetch_openml('mnist_784', return_X_y=True, as_frame=False, parser='pandas')

# データセットサイズを決める
train_samples = 60000
test_size = 10000

# 訓練データとテストデータに分ける
X_train, X_test, y_train, y_test = train_test_split(X, y, random_state=0, \
train_size=train_samples, test_size=test_size, shuffle=True)

# データセットのサイズを表示
print("学習データのサイズ:", X_train.shape)
print("テストデータのサイズ:", X_test.shape)

# データの正規化
X_train = X_train / 255.0
X_test = X_test / 255.0

# 正規化後のサンプルを表示
plt.imshow(X_train[0].reshape(28, 28), cmap=plt.cm.binary)
plt.title("Sample After Normalization (Label:", y_train[0], ")")
plt.show()

# 正規化後の最初の画像の全ピクセル値を表示
print("Sample pixel values after normalization:")
print(X_train[0]) # 最初の画像の全ピクセル値を表示

# 深層学習モデルの構築
model = MLPClassifier(hidden_layer_sizes=(128,), # 中間層
                      activation='relu',
                      solver='adam',
                      max_iter=5, # エポック数
                      verbose=True) # 学習の進行状況を表示

# モデルの学習
model.fit(X_train, y_train)

# テストデータに対する予測
y_pred = model.predict(X_test)

# 単一のサンプルに対する予測結果の表示
img = X_test[0].reshape(28, 28)
prediction = model.predict([X_test[0]])
print("予測結果:", prediction[0])

# 混同行列の計算
conf_matrix = confusion_matrix(y_test, y_pred)

# 混同行列の可視化
plt.figure(figsize=(10, 7))
sns.heatmap(conf_matrix, annot=True, fmt='d', cmap='Blues')
plt.xlabel('Predicted Label')
plt.ylabel('True Label')
plt.title('Confusion Matrix')
plt.show()

# 分類レポートの表示
print("Classification Report:")
print(classification_report(y_test, y_pred))
```

引用文献および文献ガイド

[1] Al Sweigart (2017)『退屈なことは Python にやらせよう』オライリージャパン
[2] Andreas C. Muller, Sarah Guido 著, 中田秀基訳 (2017)『Python ではじめる機械学習 ―scikit-learn で学ぶ特徴量エンジニアリングと機械学習の基礎』オライリージャパン
[3] Bill Lubanovic 著, 斎藤 康毅監修, 長尾高弘訳 (2015)『入門 Python 3』オライリージャパン
[4] Wes McKinney (2018)『Python によるデータ分析入門 第 2 版』オライリージャパン
[5] Wladston Ferreira Filho (2019)『みんなのコンピュータサイエンス』翔泳社
[6] 伊藤真 (2022)『Python で動かして学ぶ！ あたらしい機械学習の教科書 第 3 版』翔泳社
[7] 石田保輝・宮崎修一 (2017)『アルゴリズム図鑑 絵で見てわかる 26 のアルゴリズム』翔泳社
[8] 大関真之 (2016)『機械学習入門 ボルツマン機械学習から深層学習まで』オーム社
[9] 岡谷貴之 (2022)『深層学習 改訂第 2 版』講談社
[10] クジラ飛行机 (2018)『ゼロからやさしくはじめる Python 入門』マイナビ出版
[11] 菅沼雅徳 (2024)『深層学習による画像認識の基礎』オーム社
[12] 杉山聡 (2022)『本質を捉えたデータ分析のための分析モデル入門』ソシム
[13] 平山尚 (2013)『プログラムはこうして作られる』秀和システム

第7章 データ・AI利活用における留意事項

本章では，科学技術，特にデータサイエンスやAIの発展に伴い，社会全体で考える必要が生じているデータ・AI利活用における留意事項について説明し，様々な取り組みや問題について学習する。

7.1 データ・AIを扱う上での留意事項

7.1.1 ELSI（倫理的・法的・社会的課題）

データサイエンスやAIが発展し，社会で広く利用されるようになる中で，その技術の開発や活用が人間や社会に与える影響についても深く考える必要がある。**ELSI**（Ethical, Legal, and Social Issues）は，日本語で「**倫理的・法的・社会的課題**」と訳され，科学技術が進歩する中で発生する様々な問題を指すものである。ELSIは，遺伝子研究やバイオテクノロジーの分野で，人間や環境に与える影響を評価するための枠組みとして生まれたもので，ELSIが注目されるきっかけとなったのは，アメリカで1990年代に行われた「ヒトゲノムプロジェクト」である。これは人間の全遺伝情報を解読するという壮大なプロジェクトで，遺伝情報の扱いにはプライバシーの問題や，遺伝子に基づく差別の懸念があり，遺伝子情報がどのように使われるかについて個人の権利や社会全体への影響が大きな問題となった。それらの問題に対応するためにヒトゲノムが解読された社会に生じるELSIを予想し，あらかじめ備えることを目的とした「ELSI研究プログラム」が誕生した。

科学技術が進むにつれて，新しい倫理的・法的・社会的な課題が生じることになる。データサイエンスやAI分野における技術的な発展が個人のプライバシーや社会の公正さに影響を与えるようになったことから，この分野でもELSIの概念が重要視されている。特に，AIが人間の意思決定を代替するようになることで，倫理的な問題が顕著になってきている。例えば，AIの進化に伴って，業務の自動化による雇用への影響や個人データの利用に関する問題もELSIの重要なテーマとなる。AIが私たちの生活を便利にする一方で，個人のプライバシーやデータの管理，さらにはAIが判断する倫理的な問題についてもELSIの視点から社会全体で議論する必要がある。

ELSIの3つの観点は下記のように示すことができる。

- **倫理的問題（Ethical）**：その科学技術がどのような倫理的問題を含むか
- **法的問題（Legal）**：その科学技術はどのような法的枠組みで規定されるか
- **社会的問題（Social）**：その科学技術が社会に受け入れられるか

そして，新規技術を社会に実装することを考える際には，E（倫理）・L（法）・S（社会）のすべてをクリアする必要がある．例えば，新たな教育データの利活用を考える場合，

- **法的（L）に問題ないこと**：個人情報保護法などを遵守しているか，等
- **倫理的（E）に問題ないこと**：差別や分断を生み出さないか，等
- **社会的（S）に問題ないこと**：私たちがその内容や帰結に同意できるか，等

といったように，3つの観点から対応を考えることになる．

今後，社会におけるデータやAIの利活用がさらに進むにつれて，ELSIの重要性も一層増していくと考えられる．科学や技術に関する知識だけでなく，こうした倫理的・法的・社会的な視点を学ぶことは，未来の社会を築く上で必要となる．技術の進展を理解するだけでなく，その影響を評価し，責任を持って活用することが求められている．したがって，ELSIが扱う問題は科学者や技術者だけの課題ではなく，法律家，倫理学者，政策決定者，そして一般市民も含めた広範な視点から考える必要がある．特に，技術が社会全体にどのような影響を与えるかについて社会全体で合意形成を行うことが重要となる．あらゆる分野において，このような問題に対して意識を持ち，批判的かつ建設的に考える力を養うことが求められている．絶えず進化する技術を社会に取り入れる際には，科学技術の恩恵を享受しつつも倫理的な問題を見過ごさず，社会全体が納得できる未来を築くことがこれからの時代の重要な課題となる．

7.1.2 法的観点での留意事項

ここからは，3つの観点別に留意すべき事項，課題について確認する．まずは，ICTの発展とともに整備が進められてきた情報に関わる法制度について確認する．

a. 個人情報保護法

日本では，1988年に「行政機関の保有する電子計算機処理に係る個人情報の保護に関する法律」が制定され，2003年5月にOECDプライバシー8原則[1]（表7.1）に基づいた「個人情報の保護に関する法律（以下，**個人情報保護法**）」が制定され，2005年4月に全面施行された．この法律は「個人情報の有用性に配慮しつつ，個人の権利・利益の保護

---

[1] 1980年にOECDが採択した「プライバシー保護と個人データの国際流通についてのガイドラインに関する理事会勧告」に記載の国際流通における個人データのプライバシー保護と適切な流通のための国際的な共通規則に関する8原則

7.1 データ・AI を扱う上での留意事項

表 7.1 OECD プライバシー 8 原則

原　則	原則の内容
収集制限の原則	適法かつ公正な手段によって本人への通知または同意に基づく収集を行うこと
データ内容の原則	データ内容の正確性，完全性，最新性を確保すること
目的明確化の原則	利用目的を明確にすること
利用制限の原則	利用目的以外の目的での利用は行わないこと
安全保護措置の原則	個人情報の安全管理を行うこと
公開の原則	個人データの収集事実,所在,利用目的や管理者などに関する情報を公開すること
個人参加の原則	本人が関与できる機会を提供すること
責任の原則	個人情報の管理者は諸原則実施の責任を有すること

出典：堀部政男ほか『OECD プライバシーガイドライン 30 年の進化と未来』(JIPDEC, 2014) 46 頁 表 2-4 をもとに作成

すること」を目的としている。個人情報保護法の適用範囲については，2015 年の改正前は 5000 人以下の個人情報しか有しない中小企業や小規模事業者は適用対象外となっていたが，改正後は，人数規模や営利・非営利を問わないため，NPO 法人や自治会，サークル，同窓会，PTA などすべての事業者が対象となっている。

個人情報保護法における個人情報の定義は，次のとおりである。

（個人情報保護法　第二条）
　　生存する個人に関する情報であって，次の各号のいずれかに該当するものをいう。
　一　当該情報に含まれる氏名，生年月日その他の記述等により特定の個人を識別することができるもの（他の情報と容易に照合することができ，それにより特定の個人を識別することができることとなるものを含む。）
　二　個人識別符号が含まれるもの

ここで，個人識別符号とは，特定の個人を識別できるパスポート番号といった文字・番号や顔や指紋などの生体情報を変換した符号のことであり，2015 年の改正で追加された。さらに，改正法では，人種，信条，社会的身分，病歴，犯罪の経歴など，本人が不当な差別，偏見，その他の不利益が生じないように取り扱いに特に配慮が必要な情報として「**要配慮個人情報**」が設けられ，原則として取得・第三者に提供する際には，本人の同意を得ることを義務づけた。

また，個人情報保護法の制定時には想定されていなかったパーソナルデータの利活用環境の整備のために「**匿名加工情報**」も新設された。「匿名加工情報」とは，特定の個人を識別できないように個人情報を加工し，さらには復元して再識別できないようにしたもののことである。匿名加工情報を取り扱う事業者には，適正な加工や安全管理措置，匿名加工情報の作成時および第三者への提供時の個人情報の項目などの公表義務，識別行為の禁

止義務が課せられる[*2]。

　ICTの進展に伴い，個人情報の利活用が多様化するなか，世界中で適切な個人情報の利活用に向けた法整備が進められている。このような状況を踏まえ，2022年4月1日に全面施行された2022年改正法の附則において，「政府は，この法律の施行後三年ごとに，個人情報の保護に関する国際的動向，情報通信技術の進展，それに伴う個人情報を活用した新たな産業の創出及び発展の状況等を勘案し，新個人情報保護法の施行の状況について検討を加え，必要があると認めるときは，その結果に基づいて所要の措置を講ずるものとする。」と規定された[*3]。

b. 肖像権とプライバシー権

　肖像権とプライバシー権は，法律上では明文化されていないが，日本国憲法第13条によって保障された基本的人権を根拠に，判決により認められている権利である。

　プライバシー権は，私生活上の情報を無断で公表されない権利である。三島由紀夫の書いた『宴のあと』という小説が，モデルである実在の人物のプライバシー権を侵害しているとする判決が日本で初めてされた[*4]。

　個人情報保護法は事業所の守るべきことを定めているが，プライバシー権は個人でも侵害してはならない。民法709条では，プライバシー侵害などの不法行為に対しては，「故意又は過失によって他人の権利又は法律上保護される利益を侵害した者は，これによって生じた損害を賠償する責任を負う」とある。また，信用棄損罪（刑法233条），名誉棄損罪（刑法230条1項）にあたる可能性もある。

　肖像権とは，無断で写真を撮られたり，利用・公表されないように主張できる権利である[*5]。例えば，友達をスマートフォンで撮影した写真や動画を本人の同意なしに無断でインターネット上で公開することは，プライバシー・肖像権の侵害であり，名誉毀損罪や不法行為に基づく損害賠償責任を負う可能性がある。なお，個人情報取扱事業者の場合，前述の個人情報保護法の違反行為となりうる。

c. GDPR，個人データの保護・利用，オプトイン・オプトアウト

　GDPR（General Data Protection Regulation，**一般データ保護規則**）は，欧州連合（EU）内で2018年5月25日に施行された個人データ保護に関する包括的な法律である。インターネットが普及し，個人データが多くの企業に収集される時代に，個人の権利を守

[*2] 個人情報保護委員会『個人情報保護法ガイドライン（匿名加工情報編）』https://www.ppc.go.jp/files/pdf/guidelines04.pdf
[*3] 個人情報保護委員会『個人情報保護法　いわゆる3年ごと見直しについて』https://www.ppc.go.jp/personalinfo/3nengotominaoshi/
[*4] 損害賠償請求事件　東京地方裁判所　昭和36年(ワ)第1882号昭和39年9月28日　判決
[*5] 京都府学連事件，最大判昭和44・12・24刑集23巻12号1625頁

7.1 データ・AI を扱う上での留意事項

表 7.2　GDPR の基本原則

原則	原則の内容
適法性・公正性・透明性	個人データは，適法かつ公正な方法で，かつ透明性をもって処理されなければならない。つまり，個人データを収集する際には，その目的をはっきりと示し，利用者にわかりやすく説明する必要がある。
目的の限定	個人データは，特定の目的のためにのみ収集され，それ以外の目的には使用できない。例えば，商品を購入するために提供された個人データは，他のサービスに無断で使用されるべきではない。
データの最小化	企業は，必要最低限のデータのみを収集することが求められており，過剰な情報を集めることは避けなければならない。
正確性	データは常に正確で最新である必要がある。もし誤った情報があれば，速やかに修正される必要がある。
保存期間の制限	データは，必要な期間だけ保存される。目的が達成され次第，データは削除または匿名化される必要がある。
データの安全性	個人データは不正アクセスやデータ漏洩などのリスクから適切に保護される必要がある。これには技術的および組織的なセキュリティ対策が含まれる。

るために作られたもので，EU 市民の個人データが不正に扱われないよう，企業や組織が守るべきルールを定めている。この GDPR により，利用者の信頼を確保し，安全で公正なデータ活用が実現されることが期待されている。GDPR の基本原則として，適法性・公正性・透明性，目的の限定，データ最小化，正確性，保存期間の制限，データの安全性の 6 つが挙げられる（表 7.2）。これらの原則は，個人データが収集された後，そのデータがどのように扱われるのかについて利用者が理解しやすいように配慮することや，データの利用目的が明確であることを求めている。

GDPR では，個人データの主体である当該個人が，自分のデータについて幅広い権利を持つことが明記されている。これには，アクセス権，修正権，消去権（**忘れられる権利**[*6]），データ移転権などが含まれ，利用者が自身のデータをどのように扱われるかをコントロールできるように設計されている。

- **アクセス権**：自分のデータがどのように使用されているかを知る権利
- **修正権**：不正確なデータの修正を求める権利
- **消去権（忘れられる権利）**：個人データの削除を要求する権利
- **データ移転権**：自分のデータを他のサービスに移行する権利

[*6] GDPR 制定前の出来事であるが，2014 年 5 月に欧州司法裁判所が，スペイン・グーグルに対する過去の自分の行為に関する情報の検索結果の削除請求を認めた事案があり，この判決により「忘れられる権利（right to be forgotten）」が注目を集めた。

GDPRの遵守において重要なポイントの一つが、**オプトイン**（選択参加）と**オプトアウト**（選択除外）の概念である。オプトインとは、利用者が自分のデータが利用されることに同意を与えることを意味する。GDPRでは、データを収集・利用する際に、あらかじめ利用者から積極的に同意を得ることが求められている。例えば、オンラインサービスが個人データを利用する際、サービス利用者にその目的を説明し、同意を得る必要がある。対して、オプトアウトは、利用者がデータの利用を拒否する権利を行使することを指す。例えば、案内メールの配信停止などがあげられる。GDPRの下では、利用者が簡単にオプトアウトできる仕組みを提供し、手順は簡便であるべきである。

GDPRはEU圏内で適用される法律ではあるものの、EU市民のデータを扱う全世界の企業に適用されることになる。つまり、EU外の企業でも、EU市民の個人データを収集する場合にはGDPRに従う必要がある。例えば、オンラインのショッピングサイトやSNS、クラウドサービスの提供などを行う企業はGDPRを遵守しなければならず、国際的なビジネスにおいてデータ保護の基準となっている。

AIが普及する中で、個人データの利用が増加し、GDPRや個人情報保護法の重要性がますます高まっている。AIは、大量のデータを分析し、学習することでパフォーマンスを向上させる一方で、利用者のデータが広範に収集されるリスクも生じる。したがって、AIにおいてもGDPRの原則に則り、必要なデータのみを収集し、同意を得た上で利用することが求められる。また、AIの決定が個人に大きな影響を与える場面では、その判断根拠を説明し、当該個人がその結果について異議を唱える権利を保障することが重要となる。GDPRでは、自動化された意思決定に関する説明責任が求められているため、AIによる判断結果が不透明であることが許されない。説明責任を求めることにより、AIが人々の生活に及ぼす影響について透明性が確保され、AIの利用者が安心して技術を活用できる環境が整備されることが期待される。

このように、GDPRは、AI時代における個人データの扱い方の基準を提供し、データ利用と個人の権利を調和させる役割を果たしている。データサイエンスやAIを扱う際には、技術的な側面だけでなく、個人データ保護の観点も十分に考慮することが、現代のデータ社会で活躍するためには不可欠と言える。

7.1.3 倫理的観点での留意事項

次に、倫理的な観点として、AIの公平性・説明責任及び透明性の原則やバイアスについて説明する。

7.1 データ・AI を扱う上での留意事項

a. AI の公平性・データ倫理・バイアス

AI の公平性とは，人工知能が提供するサービスや意思決定において，すべての人々が平等に扱われ，特定のグループや個人が不当な扱いを受けないようにすることである。例えば，求人やクレジット審査などの場面で AI が利用される場合，性別や年齢，人種などの属性が判断に影響を与えてしまうと，公平性が損なわれるリスクがある。こうした問題を回避するためには，データ収集やモデル設計の段階で公平性を意識し，アルゴリズムがどのように決定を下すのかを明確にすることが求められる。公平性の確保は，AI を社会で活用する上で必須であるが，現実には多くの課題がある。まず，「公平」とは何かを定義すること自体が容易ではないことがある。あるグループには公平でも，他のグループには不利になる場合があり，完全に公正な AI システムを作り出すことは困難である。また，同じデータを使っても，解釈や重み付けの違いにより異なる判断が生じることがある。

データ倫理とは，データの収集，使用，保存において，社会的な責任や公正な判断を重視する価値観や行動規範のことを指す。AI システムがバイアスを含むデータに基づいて訓練されると，そのバイアスが判断に反映され，差別的な結果を引き起こす可能性が生じる。例えば，過去の採用データが男性中心の職場環境を反映していれば，AI が採用候補者を選ぶ際に，男性を優先する傾向が強まる可能性が生じる。すなわち，AI が不公平なデータに基づくと，その結果も不公平になりやすくなる。このようなバイアスの影響を理解し，それを排除するための努力が，データ倫理の重要な要素となる。

バイアスは，主にデータ収集とデータ選択の段階で発生する。データ収集においては，特定の集団や属性が過小評価される場合があり，その結果として不公平なデータセットが生成されることがある。例えば，医療データでは一部の人種や性別に関するデータが不足していることが多く，そのデータを用いた AI が，過小評価された集団に対して正確な診断を行えないリスクがある。また，データ選択において，意図せずにある特定の特徴を重視することで，バイアスが増幅されることもありえる。

また，AI を設計する人間の意図や無意識の偏りも，公平性に影響を与えることがありえる。AI のアルゴリズムは，設計者がどのような目標を設定し，どのようなデータを重視するか，によって結果が影響される。例えば，犯罪予測システムにおいて，設計者が過去の逮捕歴を重視するアルゴリズムを採用すれば，特定の人種や地域が不当に高いリスクと見なされる可能性が生じる。これは，過去の逮捕データに既存の偏見や差別が含まれている場合，その偏見が AI の判断に反映されてしまうからである。AI が今後ますます多くの分野での活用が予想されることから，AI の公平性を理解することは非常に重要である。例えば，AI が採用プロセスに導入されることで，就職活動の際に AI が自分のキャリアに影響を与えるかもしれない。また，AI を使った学習支援システムが大学教育に導入される場合，学習者に公平な評価がなされるかが重要である。AI の設計や運用に携わる際には技術的なスキルだけでなく，倫理的な視点を持ち，AI の公平性を保つために何が必要

かを考えることが重要となる。

　AI の公平性とデータ倫理を実現するためには，様々な技術的および倫理的アプローチが必要となる。まず，データ収集段階で多様な属性を反映させることが重要となる。偏りのないデータセットを用意し，特定の集団や属性が過小評価されないようにすることで，バイアスを軽減することができる。また，データをクリーニングし，バイアスを持つ要素を取り除く作業も重要である。また，AI の決定過程を透明にし，誰がどのような基準で AI を設計し，どのようなデータを使ったのかを明示することも必要である。さらに，AI の結果を定期的に検証し，問題があれば改善する仕組みも不可欠となる。

　一方で，技術的な対策だけでなく，倫理的な教育や意識の向上も必要である。AI の開発者やユーザがバイアスの問題を認識し，その対策を講じるための倫理的な知識や視点を持つこと，また，アルゴリズムが無意識に生むバイアスを認識し，意図的に取り除くためのトレーニングを受けることが求められる。また，企業や組織は，AI の公平性に関するガイドラインを策定し，バイアス軽減の取り組みを積極的に推進することも求められる。

　AI の公平性を確保することは，AI の利活用が進む社会全体にとって重要な観点である。公平な AI システムは，利用者にとって信頼できる存在となり，AI に対する社会的な信頼が向上する。また，AI が不当な扱いを防ぎ，公正な判断を提供することで，社会的な不平等や差別の解消にも貢献できる可能性がある。逆に，バイアスが含まれる AI が広く利用されれば，既存の不平等や偏見が助長され，社会の分断が深まる恐れがある。このように，AI の公平性とデータ倫理は，AI が安全かつ公正に運用されるための重要な要因となる。AI がもたらす恩恵を最大化し，社会にとって望ましい形で技術を活用するためには，技術的な対策と倫理的な視点の両面からバイアスの問題に取り組むことが求められる。

b．AI の透明性，説明可能性

　AI 技術が急速に進化する中で，その意思決定プロセスやアルゴリズムの動作を理解することの重要性がますます高まっている。データと AI の**透明性**および**説明可能性**は，利用者や社会にとって信頼性と安全性を確保するための基本的な要件となる。これらの概念は，医療，金融，司法，教育など，多くの分野での AI の活用が進むに連れて，その社会的影響力を考慮した適切な判断を行う上で欠かせない要素である。

　AI システムにおける透明性は，システムの構成や処理方法を外部からも理解できる状態を指す。例えば，金融機関で用いられる AI によるクレジット評価やローン審査において，どのようにして判断がなされるかが利用者に明らかにされていれば，不公平な扱いに対する疑念が減り，利用者にとっての信頼性が向上する。また，医療診断システムにおいても，医師がシステムの判断根拠を確認できる透明性があれば，システムが人間の専門家をサポートする形で利用することが可能になる。

しかし，AI技術の高度化に伴い，モデルが複雑化してブラックボックス化する問題が生じる。ブラックボックスとは，AIがどのようにして結果を導き出したかがユーザや開発者にも分かりにくくなる状態を指し，透明性を欠いたAIシステムの典型例である。特にディープラーニングのような複雑なニューラルネットワークでは，モデルが膨大なデータを用いて自己学習を進めるため，その判断基準が直感的に把握しづらいことが課題となる。これが，AIの透明性が重要とされる一因であり，信頼性向上のための対策が求められている。

AIの説明可能性とは，システムがどのような理由で特定の判断を下したのかを，ユーザや関係者に対して分かりやすく説明できる能力である。説明可能性は，AIが透明性を補完する手段でもあるが，技術的にはまだ発展途上であり，多くの課題がある。例えば，画像診断を行うAIが特定の診断結果を出したとき，その理由を分かりやすく説明することがAIに求められるが，複雑なモデルではその解釈が難しい場合が多くなってしまう。また，説明可能性を高めることにはトレードオフが伴う。複雑なAIモデルは高い性能を持つが，単純化された説明ではその挙動を正確に理解することが難しくなる場合がある。特に，説明のためにモデルの精度が低下してしまう場合があるため，性能と解釈可能性のバランスを取ることが求められる。

データとAIの透明性，説明可能性は，社会的な信頼構築と同義と考えられる。特に社会における重要な意思決定や診断，評価などに関わるAIが説明を伴うことで，AIの活用による不安や誤解が解消され，社会的受容が促進される。さらに，透明性と説明可能性が担保されたAIシステムは，不当な扱いや差別を未然に防ぎ，公正で信頼性のある判断を実現しやすくなる。

また，規制や法的枠組みとの関わりも重要となる。前項であげた一般データ保護規則（GDPR）では，「自動化された意思決定に関する説明権」が認められており，AIによって自動的に下された判断の理由について説明を受ける権利を，個人が持つことを意味している。AIが透明性や説明可能性を欠く場合，この規則に抵触する可能性があるため，特に企業や組織においては適切な説明責任が求められる。

このように，データとAIの透明性，説明可能性は単なる技術的課題にとどまらず，社会全体でのAIの信頼性と倫理性を支える重要な柱となっている。AIが複雑化する中で，透明性と説明可能性を確保するための技術と，それを支える法制度の整備が進むことが，将来のAI技術の安全で公正な運用に不可欠であると言える。

7.1.4 社会的観点での留意事項

最後に，社会的な観点として「人間中心のAI社会原則」の考え方について学ぶ。さらに，社会におけるデータAI活用の負の事例や近年急速に普及した生成AIの留意事項に

ついて紹介する。

a. 人間中心のAI社会原則

　AIが人間の価値観を尊重し，社会にとって望ましい形で機能するように設計・運用するためにはガイドラインが必要となる．日本では内閣府が2019年に「**人間中心のAI社会原則**」を公開しており（詳細を表7.3に示す）[8]，AIの適切で積極的な社会実装を推進するために，各ステークホルダーが留意すべき基本原則を定めている．このガイドラインは国や自治体をはじめとする日本社会全体に加え，多国間での協力も視野に入れた，AIに関する実現されるべき社会的枠組みの指針を提供している．

　人間中心のAI社会原則は，技術の発展が必ずしも人間や社会に良い影響を与えるとは限らないという認識から生まれている．例えば，過剰な監視技術や差別を助長するアルゴリズムの存在が指摘されており，これらの技術が誤用されれば個人の権利や自由が損なわれる恐れがある．このようなリスクを未然に防ぎ，AI技術が持つ可能性を安全かつ有効に活用するためには，技術の利用とその影響を慎重に管理する必要がある．そのため，AIの開発者，ユーザ，政策決定者が共通して理解し従うべき原則として「人間中心のAI」が強調されている．具体的には，AIが人間を補完し，より良い生活を支えるための役割を果たすことが期待される．人間の価値やプライバシー，個人の選択を尊重し，データを公正かつ透明に扱うことが，AIが人間社会に自然に溶け込み，信頼を獲得するための重要な要素である．このようなアプローチが，AIに対する社会的信頼を高め，AI技術が長期的に社会に受け入れられる基盤を構築することに貢献する．

表7.3 人間中心のAI社会原則

原則	原則の内容
人間中心の原則	AIは人間の能力を拡張．AI利用に関わる最終判断は人が行う．
教育・リテラシーの原則	リテラシーを育む教育環境を全ての人々に平等に提供．
プライバシー確保の原則	パーソナルデータの利用において，個人の自由・尊厳・平等が侵害されないこと．
セキュリティ確保の原則	利便性とリスクのバランス．社会の安全性と持続可能性の確保．
公正競争確保の原則	支配的な地位を利用した不当なデータの収集や主権の侵害があってはならない．
公平性，説明責任，及び透明性の原則	不当な差別をされない．適切な説明の提供．AI利用等について，開かれた対話の場を持つ．
イノベーションの原則	データ利用環境の整備．阻害となる規制の改革．

出典：新田隆夫「「人間中心のAI社会原則」について」(JUCEJournal, 2019)17頁 図1をもとに作成

7.1 データ・AIを扱う上での留意事項

人間中心のAI社会原則の導入には，いくつかの課題もある。第一に，AIシステムがますます複雑化する中で，すべての決定や処理に対する透明性や説明可能性を確保することが難しくなっている。例えば，ディープラーニングなどの高度なモデルでは，判断基準がブラックボックス化しやすく，そのプロセスを明確に説明することが困難である。また，AIが集めるデータや学習に用いるデータが偏っていると，不公平な判断が行われるリスクがあり，これを防ぐためのデータ品質や評価基準の確立も重要である。

さらに，人間中心のAIを実現するためには，技術のみならず，倫理や法律など多様な分野の専門家が協力し，異なる観点からAIの開発や運用に関わることが求められる。また，政府や教育機関，企業は，AIに携わる人材の倫理的な知識や，透明性，公正性についての理解を深める教育を進める必要がある。

今後，AIがより多くの分野で利用されるに伴い，こうした人間中心のアプローチがますます重要になる。AIの社会的な信頼を確保するためには，法的な枠組みと倫理的なガイドラインが整備され，定期的に見直されることが必要である。また，AIの意思決定が人間の価値観や期待に沿ったものであることを保証するために，ユーザや利用者が積極的に意見を述べる場が提供されることも大切である。

人間中心のAI社会原則は，単なる技術ガイドラインではなく，AIを社会の一部として調和させ，持続可能な発展を目指すための道しるべであり，これらの原則を遵守することで，AIが人間の生活にポジティブな影響を与え，社会全体が恩恵を享受できるようになることが期待される。

b. データ・AI活用における負の事例

データ・AI活用によって幅広い分野で大きなメリットがもたらされている。しかしながら，これらの技術は誤った方法で利用されたり，不適切なデータ処理が行われたりすると，思わぬ問題を引き起こすリスクも存在する。これまでに述べてきたように，偏ったデータに基づくAIの判断が差別や偏見を助長したり，プライバシーが侵害されたり，AIの意思決定がブラックボックス化し，その判断根拠が不明確なために，ユーザが不利益を被る，といったことがあげられる。

若林・岸本は，教育・学習における技術の社会実装が進んでいく中で，それに伴って倫理的・法的・社会的課題（ELSI）の顕在化，兆候が見られる事例を収集し，整理している[12]。そこでは，(1) データ取得の同意や通知をめぐる課題，(2) アルゴリズムのバイアスや不正確性，(3) プロファイリングによる監視やハイステークス化の促進，(4) 想定外の利用，に分類されるとしている。また，例えば自殺など危険行動予測のためにインターネットの検索履歴を無断取得していたことの発覚により，データ取得の通知と過度なプロファイリングの課題が可視化される，といったそれぞれの論点が相互に関連するものもある。

c. 生成 AI の広がりと注意点

　2022 年 11 月 30 日に米国 OpenAI 社が ChatGPT を発表したことを皮切りに，**生成 AI**（Generative AI）に一気に注目が集まることとなった。生成 AI は，あたかも人間と自然に対話するチャット形式の「対話型生成 AI」であり，その革新性は，これまでの対話型 AI とは一線を画す，大規模なデータを用いた高い精度の応答にある。生成 AI では，大規模言語モデル（Large language Models, LLM）に基づきながら，これまでになく容易に新たにテキストや画像，音声や動画などを生成することができるため，社会や教育においても大きな影響を与える可能性がある。

　日本でも，2023 年初頭から生成 AI が話題になるようになり，大学でも生成 AI についての考え方や留意事項についての通知が相次いで公開された。例えば，大阪大学では，2023 年 4 月 17 日に，総長から学生へのメッセージとして「生成 AI（Generative AI）の利用について」という声明を公表している [2]。この声明では，生成 AI の問題点に留意しながら適切に活用することや，学びの一つ一つのプロセスを大切にすることなどが示されている。このような各教育機関の動きにも合わせつつ，文部科学省高等教育局でも，2023 年 7 月上旬に生成 AI の利活用に関する観点をまとめた「大学・高専における生成 AI の教学面の取り扱いについて」を発表している。この文章では，生成 AI の教育的利用を制限するような方針は示されておらず，むしろ生成 AI のメリットとデメリットを十分に考慮したうえで，大学・高等専門学校等の教育機関が主体的に対応していくことの重要性が強調されている。

　生成 AI は，すでに日本の大学教育の現場でも活用が広がっていると考えられるが，生成 AI の技術的な問題に関する注意点として，大阪大学全学教育推進機構教育学習支援部が提供する「生成 AI 教育ガイド」[3] では，下記の 7 点をあげている。

1. **間違いを生成する：**　ハルシネーション（幻覚）と呼ばれるものである。ハルシネーションとは，生成 AI が存在しない事実や誤った情報をまるで本物のように生成・提示する現象で，学習データに基づいて事実とは異なる情報を生成（Intrinsic Hallucinations）するものと，学習データには存在しない事実を生成（Extrinsic Hallucinations）するものの 2 つのタイプがある。このような性質を理解したうえで，生成された情報を確認し，誤用や悪用をしないようにすることが重要となる。
2. **根拠がわからない：**　生成 AI は，回答を生成するまでの過程がブラックボックスになっているため，「なぜその答えを出したのか」という根拠がわからない点にも注意が必要となる。だからこそ，回答だけでなく，回答の根拠のファクトチェックも大切である。根拠となる情報を出力させることも可能ではあるが，その情報自体が間違っている場合もあるため，やはりその根拠についても正しいかどうか自分自身で確認する必要がある。

3. **学習していない情報は対応できない**：　生成 AI は既存のデータをもとに学習しているため，学習していない情報については，対応することができない。繰り返しになるが，生成 AI の情報が正しいかどうか人の手で検証する必要がある。
4. **同じ質問でも異なる回答をする**：　生成 AI には，回答の創造性を向上させるために，回答に「ゆらぎ」を与えるパラメータが存在しているため，同じ質問をしても，異なる回答が返ってくる。この点を踏まえておく必要がある。
5. **日本語は得意ではない**：　生成 AI は，英語以外の様々な言語にも対応しているものの，英語の学習量が一番多いため，英語で質問した方が日本語よりも良い回答を得られる可能性は高くなっている。
6. **生成 AI が生成したかわからない**：　生成 AI が生成した文章であるかを完璧に見分けることは，現段階では技術的に難しいと言われている。識別ツールができたとしても，しばしば人間が作ったものを誤って AI の生成物と判定してしまう危険性もある。
7. **倫理的問題がある**：　生成 AI は，決して社会や時代，国・地域の価値観を理解しているわけではないため，暴力的，性差別的，人種差別的などの表現をするという危険性を有している。そのためユーザは，生成 AI の回答に倫理的な問題がないかどうか確認する必要がある[*7]。

また，個人情報や機密情報に関する注意も必要である。個人情報や機密情報を生成 AI に入力してしまうと，生成 AI と他ユーザとの対話や，そのサービスを提供している企業の不正や不具合などで，情報が流出してしまう可能性がある。生成 AI に情報を入力する際には十分に注意する必要がある。

[*7] 大阪大学社会技術共創研究センター（ELSI センター）は，「生成 AI の倫理的・法的・社会的課題（ELSI）論点の概観」という報告書を定期的に刊行しており，詳細は報告書 [4], [5] を参照されたい。

7.2 データを守る上での留意事項

7.2.1 情報セキュリティとは

社会におけるデータ・AI 利活用が進むにつれ，サイバー空間を標的とした攻撃が深刻化している。攻撃の内容も個人を狙ったものから特定の組織や国家の情報資産，そして重要なインフラを標的にしたものまで様々である。例えば，独立行政法人情報処理推進機構（IPA）が発表した「情報セキュリティ 10 大脅威 2024」[7] では，個人への脅威として，表 7.4 に示す 10 項目を挙げている。悪意のある第三者からデータを守るためには，情報セキュリティに関する正しい知識を身に付け，巧妙化する攻撃への対策が欠かせない。

情報セキュリティとは，個人や組織における情報の**機密性**（Confidentiality），**完全性**（Integrity）および**可用性**（Availability）を維持することをいう[*8]。

- **機密性**：許可されていないものに情報を使用させず，開示しない特性
- **完全性**：情報が正確であり，完全である特性
- **可用性**：許可されたものが必要なときに情報へアクセスし，使用できる特性

機密性は「許可されていないものに情報を使用させず，開示しない特性」のことを指し，例えば，デバイス・システムへのログインやデータそのものへアクセスする際に，ID やパスワードで適切に管理することなどが挙げられる。情報へアクセスできる人を限定するこ

表 7.4　2024 年に発生した社会的に影響が大きかった個人への情報セキュリティにおける脅威

個人向け脅威	初選出年	10 大脅威での取り扱い（2016 年以降）
インターネット上のサービスからの個人情報の窃取	2016	5 年連続 8 回目
インターネット上のサービスへの不正ログイン	2016	9 年連続 9 回目
クレジットカード情報の不正利用	2016	9 年連続 9 回目
スマホ決済の不正利用	2020	5 年連続 5 回目
偽警告によるインターネット詐欺	2020	5 年連続 5 回目
ネット上の誹謗・中傷・デマ	2016	9 年連続 9 回目
フィッシングによる個人情報等の詐取	2019	6 年連続 6 回目
不正アプリによるスマートフォン利用者への被害	2016	9 年連続 9 回目
メールや SMS 等を使った脅迫・詐欺の手口による金銭要求	2019	6 年連続 6 回目
ワンクリック請求等の不当請求による金銭被害	2016	2 年連続 4 回目

出典：IPA (2024)『情報セキュリティ 10 大脅威 2024』6 頁表 1.1 をもとに作成

[*8] さらに，真正性（Authenticity），責任追跡性（Accountability），否認防止（Non-repudiation），信頼性（Reliability）などの特性の維持を含めることもある。

とで不正アクセスをはじめとする情報漏洩対策に繋がる。完全性は「情報が正確であり，完全である特性」を指し，保有する情報が改ざんや破損されず，正確かつ最新の状態で管理することを意味する。IoT や AI などビッグデータを活用したサービス，インフラが普及する現代社会において，あらゆる処理の基盤となるデータの完全性の維持は重要性を増している。一方で，機密性・完全性の確保を前提としつつ，情報へのアクセス権限をもつものが必要な時に適切に情報を利用できることも重要である。それが「許可されたものが必要なときに情報へアクセスし，使用できる特性」を意味する可用性である。例えば，サイバー攻撃や大規模停電などで情報にアクセスできなくなった場合に備え，データのバックアップやシステムの二重化などの対策が考えられる。

情報セキュリティとは，機密性・完全性・可用性の 3 つの要素をバランスをもって維持することであり，そのためにはどのような脅威があり，その脅威に対してどのように対策を行っていくかを考え，実行していくことが重要である。

7.2.2 情報への脅威

情報セキュリティの 3 要素を維持し，悪意のある第三者からの情報を守るために，まずはどのような脅威があるか考えてみよう。

攻撃の手段は「直接的攻撃」と「間接的攻撃」の 2 つに大別される [11]。直接的攻撃とは，悪意のある第三者が攻撃対象のコンピュータに直接的に侵入し攻撃を行うもので，**不正アクセス**と呼ばれる。例えば，フィッシングサイトに誘導するなどして不正に個人情報を詐取し，他人になりすまして侵入する方法が挙げられる。間接的攻撃は，悪意のある第三者が不正なソフトウェアを攻撃対象のコンピュータに送り込み，不正ソフトウェアを介して攻撃するもので，**コンピュータウイルス**と呼ばれる。通商産業省（現・経済産業省）の「コンピュータウイルス対策基準」では，コンピュータウイルスを「第三者のプログラムやデータベースに対して意図的に何らかの被害を及ぼすように作られたプログラムであり，以下の機能を 1 つ以上有するもの」として，広義に定義している。

自己伝染機能
　　自らの機能によって他のプログラムに自らをコピーし又はシステム機能を利用して自らを他のシステムにコピーすることにより，他のシステムに伝染する機能

潜伏機能
　　発病するための特定時刻，一定時間，処理回数等の条件を記憶させて，発病するまで症状を出さない機能

発病機能
　　プログラム，データ等のファイルの破壊を行ったり，設計者の意図しない動作をする等の機能

表 7.5　マルウェアの例

名　称	説　明
コンピュータウイルス (狭義)	他のプログラムに寄生し感染し，破壊活動を行う．自己複製する．
ワーム (Worm)	寄生なしに単独で破壊活動を行う．自己複製する．
トロイの木馬 (Trojan Horse)	悪意のないプログラムに見せかけて感染，不正行為を行う．自己複製しない．
スパイウェア (Spyware)	PC にある情報を盗み出すことを目的に感染．自己複製しない．
ボット (Bot)	感染すると攻撃者によってリモート操作され不正行為を働く．自己複製する．
ランサムウェア (Ransomware)	ファイルを暗号化するなどしてデータへのアクセスや PC 操作を不能にする．データ復旧のために金銭を要求する．近年，自己複製型のランサムウェアが登場している．

　情報の機密性・完全性・可用性を損なうことを目的に作成された悪意のあるプログラムの総称を**マルウェア**（Malicious software, Malware）と呼び，広義のコンピュータウイルスの定義では，表 7.5 にまとめたマルウェアもコンピュータウイルスに含まれる．
　続いて，具体的な脅威の事例，攻撃の手口について紹介する．

a．フィッシングによる詐欺

　フィッシング（Phishing）による詐欺は，実在する組織をかたり，ID やパスワード，クレジットカード番号などの個人情報を詐取するものである．正規の Web サイトを装ったフィッシングサイトへ誘導するメールや SMS（Short Message Service）のメッセージを送り，フィッシングサイトにアクセスした利用者から入力された個人情報を詐取する手口が一般的である（図 7.1）．2018 年には大学のシステム管理者をかたり，大学の Web メールサービスを狙ったフィッシング被害も相次いだ．詐取した個人情報は販売されたり，悪用して他のサービスへの不正ログインに利用されたりする．

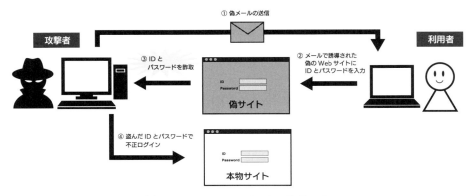

図 7.1　フィッシングによる詐欺の例

b. 標的型攻撃

標的型攻撃とは，特定の企業・組織などが保有する機密情報の詐取やシステムなどの停止・破壊を目的に行われるサイバー攻撃である．標的型攻撃では，(1) 事前調査，(2) 初期潜入段階，(3) 攻撃基盤構築段階，(4) システム調査段階，(5) 攻撃最終目的の遂行段階の 5 段階を踏むと言われており[*9]，はじめに攻撃対象の事前調査を行い，次に事前調査で得た情報をもとに，ウイルスを添付した標的型攻撃メールを送るなどして組織の端末をウイルス感染させる．続いて，侵入に成功した攻撃者はさらに遠隔操作ウイルス（Remote Access Trojan: RAT）に感染させる．RAT などを用いて，さらに目的を達成するための情報収集や別のウイルスを送り込むことなどを行い，最終的に目的の情報詐取や破壊行為などの攻撃を遂行する．

c. DDoS 攻撃

DDoS（分散型サービス不能, Distributed Denial of Service）攻撃は，攻撃者に制御を奪われた多数の端末から企業や組織が提供する Web サーバなどに大量のデータを送信し負荷をかけることで，サービス運用を妨害する攻撃のことである．ボットと呼ばれるコンピュータウイルスに感染したコンピュータは攻撃者が用意した C&C サーバ（Command and Control Server）に制御を奪われ，DDoS 攻撃に悪用されることが多い．近年では，工場出荷時の初期設定のままや不適切なパスワード設定がされたネットワーク機器，IoT機器を狙い，DDoS 攻撃に悪用する手口が増加している．

d. ランサムウェア

ランサムウェアとは，マルウェアの一種で，感染すると PC やスマートフォンに保管されたファイルを暗号化したり，画面ロックなどを行うなどしてデータへのアクセスや PC 操作が不能となる．復旧を条件に身代金（Ransom）を支払うように要求することからランサムウェアと呼ばれている．感染経路として，メールの添付ファイルや Web サイト，OS の脆弱性を悪用したものなどが報告されている．

e. パスワードリスト攻撃

パスワードリスト攻撃とは，予め何らかの方法で入手した ID とパスワードがセットになったリストを用いて，Web サービスへの不正ログインを試みる攻撃である．そのため，図 7.2 に示すように複数の Web サービスで同じ ID とパスワードの使い回しをしている場合，当該情報が漏洩した場合，被害が拡大する可能性が高い．

[*9] IPA『標的型サイバー攻撃の脅威と対策』https://www.ipa.go.jp/security/event/2013/isec-semi/documents/2013videosemi_targeted_cyber_attacks_v1.pdf

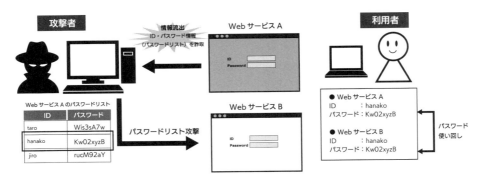

図 7.2　パスワードリストによる攻撃の例

7.2.3　情報セキュリティ対策

ここまで情報への様々な脅威を確認してきたが，攻撃の手口はコンピュータウイルスを使ったものや脆弱性の悪用といった古くからある手法が使われている．IPA は「情報セキュリティ対策の基本」として，表 7.6 に示す 5 項目を示し，これらを意識した継続的な対策の重要性を訴えている [6]．

例えば，前節で確認した脅威の多くは OS や利用しているソフトウェアの脆弱性を突いたものも多い．ベンダーは脆弱性を発見次第，修正プログラムを提供するため，速やかに適用し，OS やソフトウェアを最新に保つことが重要である．さらに，基本的なウイルス対策も欠かすことができない．ウイルス対策ソフトを導入し，新種のウイルスにも対応できるようにウイルス対策ソフトベンダーが提供するウイルス定義ファイルを常に最新に保つことで，コンピュータウイルスの侵入や攻撃を抑止できる．Microsoft Windows では，Windows 8 以降，ウイルスと脅威の防止やファイアウォールとネットワーク保護といった基本的なセキュリティ機能をもつ "Windows Defender" というウイルス対策ソフトが標準搭載されている．Windows ユーザであれば，まずは "Windows Defender" を有効にし，最新の状態に保つことが重要である．

表 7.6　情報セキュリティ対策の基本

攻撃の糸口	情報セキュリティ対策の基本	目的
ソフトウェアの脆弱性	ソフトウェアの更新	脆弱性を解消し攻撃によるリスクを低減する
ウイルス感染	セキュリティソフトの利用	攻撃をブロックする
パスワードの詐取	パスワードの管理・認証の強化	パスワード詐取によるリスクを低減する
設定不備	設定の見直し	誤った設定を攻撃に利用されないようにする
誘導（罠にはめる）	脅威・手口を知る	手口から重要視するべき対策を理解する

出典：IPA『情報セキュリティ 10 大脅威 2020』24 頁 表 2-3 をもとに作成

7.2 データを守る上での留意事項

　また，フィッシングによる詐欺や標的型攻撃にもあるように，攻撃者は金銭や破壊行為を目的に私たちの個人情報を常に狙っている。インターネットサービスの普及に伴い，複数のWebサービスを利用するようになったことから，パスワードの使い回しを想定したパスワードリスト攻撃といった脅威も発生している。不正ログイン被害にあわないためには，サービスごとに異なるパスワードを設定することや推測されづらいパスワードを作成し，適切に管理することが重要である。また，近年，様々なWebサービスで導入されている**多要素認証**も積極的な利用が推奨されている。多要素認証とは，パスワードやPINコードといった知識情報，携帯電話やICカードなどの所持情報，指紋や虹彩などの生体情報を組み合わせて行う認証で，不正ログインの防止に効果があると言われている。

　さらに，ネットワーク対応機器などの設定の見直しも重要である。工場出荷時の初期設定のままや不適切なパスワード設定がされたネットワーク機器やIoT機器が別の機器への攻撃に悪用されたり（DDoS攻撃），IoT機器のカメラを使った盗撮といった攻撃が報告されている。不要な機能やソフトウェアの停止・アンインストールを行ったり，適切なアクセス制限の設定を行うことで，攻撃を防止することができる。そして，前項で取り上

コラム：セキュリティ関連の法律

日本におけるセキュリティに関する法制度には以下のようなものがある。

サイバーセキュリティ基本法

　わが国のサイバーセキュリティに関する施策に関し，サイバーセキュリティ戦略の策定その他サイバーセキュリティに関する施策の基本となる事項を定めた法律。経済社会の活力の向上や持続的発展，国民が安全で安心して暮らせる社会の実現を図るとともに，国際社会の平和と安全の確保，わが国の安全保障に寄与することを目的としている。

電気通信事業法

　電気通信の健全な発達及び国民の利便の確保を図り，公共の福祉を増進することを目的とした法律。4条は「電気通信事業者の取扱中に係る通信の秘密は，侵してはならない」という秘密の保護についての規程となっている。

不正アクセス禁止法（不正アクセス行為の禁止等に関する法律）

　不正アクセス行為を禁止するとともに，これについての罰則及びその再発防止のための都道府県公安委員会による援助措置等を定めた法律。この法律では情報機器やサービスにアクセスする際に使用するIDやパスワード等の「識別符号」を本人に無断で使用したり，脆弱性を突いたりなどして，本来は利用権限がないのに不正に利用できる状態にすることを「不正アクセス」と定義している。6条では「何人も，不正アクセス行為の用に供する目的で，不正に取得されたアクセス制御機能に係る他人の識別符号を保管してはならない」と，不正アクセス目的で識別符号を「保管すること」も禁止している。

げたような代表的な脅威の攻撃の手口を事前に把握しておくことで被害に遭いづらくなる。ICT の発展に伴い，年々新しい攻撃が発生しているため，常に最新の情報を収集し，対策を講じることが重要である。

引用文献および文献ガイド

[1] 浦田悠・長岡徹郎・村上正行 (2024)「高等教育における生成 AI の活用」情報処理, 第 65 巻, 第 7 号, pp. e8–e13.
[2] 大阪大学 (2023)「生成 AI（Generative AI）の利用について」https://www.osaka-u.ac.jp/ja/news/topics/2023/04/17001（閲覧日：2024 年 1 月 15 日）
[3] 大阪大学全学教育推進機構教育学習支援部 (2023)「生成 AI 教育ガイド」https://www.tlsc.osaka-u.ac.jp/project/generative_ai/（閲覧日：2024 年 1 月 15 日）
[4] カテライ アメリア・井出和希・岸本充生 (2023)「生成 AI（Generative AI）の倫理的・法的・社会的課題（ELSI）論点の概観 2023 年 3 月版」ELSI NOTE, No. 26, 大阪大学社会技術共創研究センター
[5] 岸本充生・カテライ アメリア・井出和希 (2023)「生成 AI の倫理的・法的・社会的課題（ELSI）論点の概観：2023 年 4-8 月版 グローバルな政策動向を中心に」ELSI NOTE, No.30, 大阪大学社会技術共創研究センター
[6] 独立行政法人情報処理推進機構 (2015)「情報セキュリティ 10 大脅威 2015」https://www.ipa.go.jp/security/10threats/2015/2015.html（閲覧日：2024 年 1 月 15 日）
[7] 独立行政法人情報処理推進機構 (2024)「情報セキュリティ 10 大脅威 2024」https://www.ipa.go.jp/security/10threats/nq6ept000000g22h-att/kaisetsu_2024.pdf（閲覧日：2024 年 1 月 15 日）
[8] 内閣府 (2019)「人間中心の AI 社会原則」https://www8.cao.go.jp/cstp/ai/aigensoku.pdf（閲覧日：2024 年 1 月 15 日）
[9] 新田隆夫 (2019)「「人間中心の AI 社会原則」について」私情協機関誌 大学教育と情報, 2019, No.2, pp. 17–20.
[10] 堀部政男・新保史生・野村至 (2014)『OECD プライバシーガイドライン 30 年の進化と未来』一般財団法人日本情報経済社会推進協会
[11] 宮地充子・菊池浩明 (2008)『IT Text 情報セキュリティ』株式会社オーム社
[12] 若林魁人, 岸本充生 (2023)「教育データ EdTech の ELSI（倫理的・法的・社会的課題）を考えるための国内外ケース集」ELSI NOTE, No. 31, 大阪大学社会技術共創研究センター

付録 A

第 7 章で詳細に扱うことができなかった知的財産権，特に著作権について解説する。

A.1 知的財産権とは

知的財産とは，知的財産基本法のなかで以下のように規定されている。

> 発明，考案，植物の新品種，意匠，著作物その他の人間の創造的活動により生み出されたもの（発見又は解明がされた自然の法則又は現象であって，産業上の利用可能性があるものを含む。），商標，商号その他事業活動に用いられる商品又は役務を表示するもの及び営業秘密その他の事業活動に有用な技術上又は営業上の情報をいう。

すなわち，知的財産とは，知的活動によって創作された「知的財産的価値を有する情報」のことを指し，知的財産権とは，表 A.1 に示す産業財産権（特許権，実用新案権，意匠権，商標権），著作権などの知的財産に関して定められた権利の総称である。

知的財産は，情報の性質上，容易に複製・模倣ができてしまうため，知的財産権制度では，創作者に一定期間の独占権を与えるように様々な法律で創作者の権利を保護している[3]。また，知的財産権のうち，特許権や実用新案権をはじめとする産業財産権などは，権利を取得するために，国家機関への申請や登録などの手続きが必要である。一方，著作権は「ベルヌ条約」に基づき，こうした手続きは不要である（無方式主義）。著作権は著作物を創作した時点で自動的に発生する。

A.2 著 作 権

著作権法の目的は，著作者の権利やこれに隣接する権利を規定し，公正な利用に留意しつつ，著作者の権利の保護を図り，文化活動の発展に寄与することである（1 条）。著作物というのは人に利用してもらってこそ価値が発生する。あまり強固に著作者の権利を保護しすぎると使用しづらくなるため，ある程度「公正な利用」の範囲を定めておくことにより著作物の普及を図っている。

A.2.1 著作物

著作権法で保護対象となる「**著作物**」とは,「思想又は感情を創作的に表現したもの」である必要がある。具体的には,言語 (講演,作文,小説,脚本,詩歌など),音楽 (楽曲,歌詞など),舞踊・演劇 (振り付けなど),美術 (絵画,彫刻,漫画など),芸術的な建築物,地図,映画 (アニメ,動画など),写真,プログラムなどの著作物がある。

「思想又は感情」が創作的に表現されていない単なるデータや事実は,著作物には該当しない。また,著作物は表現したものであり,アイデアは該当せず,画風,作風,設定などは保護されない。また法律や国の通達,判例などは著作権法では保護されないこととなっている。

著作者の権利は,著作物に関する権利を示す狭義の「**著作権(財産権)**」と,著作者の人格的な権利を示す「**著作者人格権**」から構成される。著作者は,これらの権利をコントロールし,著作物から得られる利益を保護することができる。

狭義の著作権は,表 A.2 に示す著作物に関する権利の束である。複製権は勝手に複製されない権利であり,「勝手に○○されない権利」とするとわかりやすい。

表 **A.1** 知的財産権

権 利	法 律	説 明
著作権(広義)		
著作権者の権利	著作権法	著作物の保護。創作時から著作者の死後 70 年
著作隣接権	著作権法	実演等を保護。実演等を行った時から 70 年(放送は 50 年)
産業財産権		
特許権	特許法	発明を保護。出願日から 20 年
実用新案権	実用新案法	物品の形状,構造又は組合せに係る考案を保護。出願日から 10 年
意匠権	意匠法	物品のデザインを保護。登録日から 20 年
商標権	商標法	営業標識を保護。登録日から 10 年(更新可能)
その他		
回路配置利用権	半導体集積回路の回路配置に関する法律	半導体の回路配置を保護。登録日から 10 年
育成者権	種苗法	植物新品種を保護。登録日から 25 年(樹木は 30 年)
営業秘密等	不正競争防止法	営業秘密や商品の表示等を保護

表 A.2 著作物に含まれる権利（財産権）

権 利	説 明
複製権	著作物を複製する権利（21条）
上演権・演奏権	著作物を公に上演したり，演奏したりする権利（22条）
上映権	著作物を公に上映する権利（22条の2）
公衆送信権	著作物を公衆送信する権利（23条）
公の伝達権	公衆送信される著作物を受信装置を用いて公に伝達する権利（23条）
口述権	著作物を朗読などにより公に口述する権利（24条）
展示権	美術の著作物または未発行の写真の著作物を公に展示する権利（25条）
譲渡権	著作物（原作品または複製物）の譲渡により公衆に提供する権利（26条の2）
貸与権	映画以外の著作物の複製物を貸与により公衆に提供する権利（26条の3）
頒布権	映画の著作物の複製物を頒布する権利（26条）
二次的著作物の創作権	翻訳，編曲，変形，脚色，映画化などにより二次著作物を創作する権利(27条)
二次的著作物の利用権	二次的著作物の利用に関して，原作者が有する権利（28条）

A.2.2　著　作　権

著作者人格権は以下に示す3つの権利であり，他者に譲渡したり，放棄することができず，一身専属の権利である。

- **公表権**：未発表の著作物を公衆に提供し，また提示する権利（無断で公表されない権利）（18条）
- **氏名表示権**：著作物を公表する際に，著作者名を表示するか，どのような名前で表示するか決める権利（名前の表示を求める権利）（19条）
- **同一性保持権**：著作物や題名を意に反して改変させない権利（無断で改変されない権利）（20条）

この他に「名誉声望権」と呼ばれる権利があり，「著作者の名誉又は声望を害する方法によりその著作物を利用する行為」は，著作者人格権侵害とみなされる（113条11項）。厳密には権利として規定されていないが，この権利は著作者の死亡後も存続するとされている。

A.2.3 権利制限

著作権法には，著作権者の権利をある程度制限する「公正な利用」について定めているのが「権利制限」の条項である。これらを適用できる場合は，著作権者の許諾なく著作物を使うことができる。大学生に特に関連がある権利制限は以下のとおりである [2]。

私的使用のための複製（30 条）
自分や家庭内その他これに準ずる限られた範囲内で使う目的に限り自分で複製できる
- 映画館などでの映画の盗撮は，自分しか観ないとしても NG（映画盗撮防止法 4 条 1 項）
- 違法にアップロードされている著作物を著作権侵害物であると知りながらダウンロード（複製に該当）するのも NG（30 条 1 項 3 号）

付随対象著作物の利用（30 条の 2）
写真や動画を撮った時に付随して著作物が軽微な構成部分として写ってしまうのは OK
- 著作権者の権利を不当に害する場合は NG
- 付随して写ってしまった写真や動画を正当な範囲内で公衆送信できる

図書館等における複製（31 条）
図書館は，営利を目的としない事業として，次の場合に図書館資料の著作物を複製できる
- 利用者の求めに応じて，公表された著作物の一部分の複製物を 1 人につき 1 部提供する場合
- 図書館資料保存のために必要な場合
- 他の図書館等の求めに応じ，絶版等資料の複製物を提供する場合

授業目的の複製等（35 条）
以下の条件を守っていれば，複製・公衆送信・公の伝達を行える
- 公表された著作物
- 教育機関での「授業の過程」における利用のため
- 使用できるのは，教員や学生・生徒
- 授業に「必要と認められる限度」
- 利益を不当に害さない量や使い方

営利を目的としない上演等（38 条）
営利を目的としない，観客から料金をとらない，出演者に報酬を支払わない場合に，公表された著作物を，公に上演・演奏・上映・口述 OK

A.2.4 引　　用

大学生のみなさんが最も関連ある権利制限が「引用（32条1項）」である。著作権法にはっきり条件が書かれているわけではないが，今までの判例などから「引用」の条件は以下のとおりである。

公表された著作物であること
1人の友人に読ませるために書いたメールや・手紙や，ある授業で先生に見せるためだけに書いたレポートなどは「公表されている」とは言えない。公表されていないものは適用外である。

「引用」であること
引用であるためには，以下の要件を満たす必要がある。
- 区別性：引用した箇所が明確になっていること（カギカッコや区切り線など）
- 主従関係：量的にも質的にも本文が「主」，引用部分が「従」であること 主従関係は，自分の書いた文章のほうが引用した部分より多いこと，内容的にも自分の書いた文章の方が「主」であることが必要。

引用による利用行為が「公正な慣行」に合致していること
引用だからといって，その著作物の販売に悪影響を与えるなど著作権者に大きな経済的打撃を与えてはいけない。

「引用の目的上正当な範囲内」であること
引用して利用する著作物全体のうち，利用する部分が妥当な範囲内であること。プレゼンスライドのにぎやかしのために，アニメキャラクターイラストなどを挿入することには，32条1項の引用は適用できない。

出所を明示すること
引用する場合は必ず出典（タイトル，著者名など）を書く必要がある。

引用部分を改変していないこと
原文に誤字脱字があったとしてもそのまま引用する。「原文ママ」など注意書きを付すと良い。

A.2.5 著作物を適正に利用するためには

第三者の著作物を適正に利用するためには，以下の4点を確認する。以下に当てはまらない場合には，著作権者の許諾が必要である。

1. 著作物かどうか

A.2.1 で説明したように，著作物でないものには著作権法では保護されない。利用しようとしているものが，著作権法で保護される著作物であるかどうかをまず確認する。

2. 保護期間内かどうか

著作物には保護期間が定められており，保護期間が切れているものは自由に利用して良い。そのような著作物を「パブリック・ドメイン」と言う。著作権法で定められている保護期間は以下のとおりである。

- 著作物の創作時から著作者の死後 70 年
- 無名，変名，団体名義の著作物，映画の著作物は，著作物の公表時から 70 年
- 実演は，実演時から 70 年
- レコードは，音の固定（録音）時から発行後 70 年
- 放送・有線放送は，放送時から 50 年

3. ライセンスがあるかどうか

ライセンスとは，著作者や著作権者がどのような利用をしてよいかなどについて，利用者に許可を与えるものである。利用者から求めて個別に与えられる場合と，権利者があらかじめ提示している場合がある。他の人の著作物を利用する際には，利用規約，利用条件，利用許諾書などを確認し，ライセンスがどんな内容かを必ず確認すべきである。

「フリー素材」と書かれていても，著作権を放棄しているわけではない。利用規約に「必ずクレジットを記載すること」や「商用利用禁止」など様々な条件が記載されている場合がある。そういった条件を守らず利用すると，著作権侵害で訴えられる可能性もあるので注意が必要である。

ライセンスとして有名なものに，**クリエイティブ・コモンズ・ライセンス**（Creative Commons License）がある[*1]。名前が長いので，略して「CC ライセンス」と呼ぶこともある。これは，作品を公開する作者が「この条件を守れば私の作品を自由に使って構いません」という意思表示をするためのツールとして，利用されている。図 A.1 のようなマークを著作物に付すことによって，意思表示をする。

CC では BY を必ずつけることになっており，これは「表記」という意味である。「CC-BY」となっているものを利用するときは，必ずクレジット（著作権者名，タイトルなど）を記載する必要がある。著作権者は，以下の条件を組み合わせることができる。

[*1] クリエイティブ・コモンズ・ライセンス・ジャパン https://creativecommons.jp/licenses/

A.2 著作権

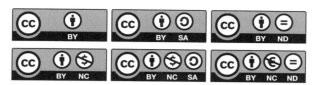

図 A.1 クリエイティブ・コモンズ・ライセンスのマーク

> SA（ShareAlike, 継承）： 改変した場合，元の作品と同じ CC ライセンスをつけることが条件
> ND（NoDerivatives, 改変禁止）： 改変をしないことが条件
> NC（NonCommercial, 非営利）： 非営利であることが条件

例えば，CC-BY-ND-NC の場合は「クレジット表示，改変していない，非営利」であれば利用できる。全部で 6 通りの方法がある。CC0 もあり，これは権利の放棄を表明しており，CC0 がついている著作物は自由に利用することができる。

Wikipedia に掲載されている画像は，基本的に CC ライセンスが付されている。また Google 画像検索でも CC ライセンスに限定した検索を行える。こうしたツールを使うことによって，利用できるものを探すと良いだろう。

4. 権利制限を適用できるかどうか

A.2.3 で説明したような権利制限を適用できれば，著作権者の許諾は必要ない。適用できる条件は，条項によって違うので確認が必要である。

A.2.6 自分が著作権者だった時

現代は，SNS 等で誰でも気軽に写真やイラスト，文章などを発表することができるため，「一億総クリエイター時代」と呼ばれている。他人の権利を侵害しないことも大切であるが，自分の著作物も適切に扱ってもらえるようにすべきである。以下のようなことに注意を払う必要がある。

1. **投稿先の利用規約を確認**： SNS や作品投稿サイトには，投稿したものの著作権をどのように扱うか利用規約等に書かれていることが多いので確認する。コンテストなどは作品の著作権をコンテスト運営側に譲渡するとなっているものが多いので注意が必要である。
2. **ライセンスを明記する**： 自分のサイトやブログなどで作品を公開する時に，どのような利用であれば認められるか，有料か無料かなどについて，利用条件を明記しておくことが重要である。そして，利用者に作品をダウンロード等をさせる前

に「利用規約に同意した」等のチェック項目を設けておくことが必要である。
3. **契約する**： 自分の著作物を利用させる時や，依頼に応じて新たに作成する時などに，自分が不利益にならないように契約を結ぶことが考えられる。文化庁のHPに『誰でもできる著作権契約マニュアル』があるので参考にすると良い[*2]。
4. **似た作品を見つけた時**： 著作物の類似性判断には，「著作物性：そもそも著作物かどうか」，「依拠性：もとの作品を参考にしているか」，「類似性：もとの著作物の本質的特徴を感得できるほどに類似しているか」という3つの観点でなされる[1]。「著作物性」については，A.2.1で書いたように画風や作風，設定などのアイディアが似ているだけでは類似しているとは言えない。ありふれた表現も保護の対象とはならない。「依拠性」について，新しい作品の作者が，もとの作品を参考にしているかどうかということである。偶然似てしまった場合には依拠性は無しとされる。「類似性」については，もとの作品の思想感情を表現している本質的な特徴を，問題となっている作品からも感得できるか，ということになる。これらを踏まえても，他の人が自分の作品を真似している，自分の著作権を侵害していると感じた時には，SNSに投稿するのではなく，専門家に相談するべきである。SNSに投稿して炎上した場合，それが間違いだった時に取り返しのつかないことになる。文化庁のHPに相談窓口もあるので活用しよう[*3]。

A.2.7 まとめ

様々な法制度がある中で情報を取り扱っていく適切な態度として，まず規則や制度等を確認して，その情報の取り扱いについて自分は何をどこまでしてよいかを判断し，その上で自分はこのようにするということを第三者に説明できるというようなことが望まれる。何かが起こった時に説明ができないというのが一番困った状況に追い込まれる。自分が被害者・加害者の両方になる可能性を考えて行動することが必要である。

引用文献および文献ガイド

[1] 上野達弘・前田哲男 (2021)『著作物の類似性判断』勁草書房
[2] 一般社団法人大学ICT推進協議会 (2022)『すごくわかる 著作権と授業』
[3] 特許庁 (2022)『2020年度知的財産権制度入門』

[*2] 誰でもできる著作権契約マニュアル https://pf.bunka.go.jp/chosaku/chosakuken/keiyaku_intro/chosakukenkeiyaku_manual.pdf
[*3] 文化庁：個人クリエイター，コンテンツ企業等の権利者の向け著作権侵害についての相談窓口 https://www.bunka.go.jp/seisaku/chosakuken/kaizoku/contact.html

索　引

◆ 欧　字

AI の公平性　　157
AI の説明可能性　　158
AI の透明性　　158
ARPANET　　51
Communication Protocol　　52
CPU　　35
DDoS 攻撃　　167
DHCP　　58
DHCP クライアント　　58
DHCP サーバ　　58
DNS　　59
Domain Name System　　59
DRAM　　38
Dynamic Host Configuration
　Protocol　　58
else 構文　　110
ELSI　　2, 151
Ethernet　　53, 54
F1-Score　　146
for 構文　　114
FTP　　52, 53
FTTH　　50
GDPR　　154
GPU　　36
HTTP　　52, 53, 63
HTTPS　　52
ICANN　　57
if 構文　　109
IMAP　　53
Internet　　49
Internet Protocol Suite　　52

ISP　　50
IP　　52
IPv4　　55
IPv6　　55
IP アドレス　　55, 59
IP ヘッダ　　54
LAN　　49
MAC address　　60
MAC アドレス　　54, 60
NAPT　　58
NAT　　57
OS　　40
OSI 参照モデル　　52
packet　　51
POP　　52
POP3　　53
port number　　52
PPP　　54
Precision　　146
PROM　　38
Python　　105
RAM　　38
RAT　　167
Recall　　146
ROM　　38
router　　50
Secure Socket Layer　　63
SMTP　　52, 53
SRAM　　38
SSL　　63
switching hub　　50
TCP　　52
TCP/IP　　52

TLS 63
TLS/SSL 63
UDP 53
WAN 49
Well-known port number 52
while 構文 113
WWW 63

◆ あ 行

IQR 71
アクセスログ 9
アソシエーション分析 21
アノテーション 12
暗号化 61
暗号鍵 61
意思決定 26
1 次データ 13
1 変量時系列データ 88
インターネット 49
インターネットサービスプロバイダー 50
インタフェース 39
インデント 110
HDMI 40
elif 文 110
遠隔操作ウイルス 167
演算子 107
演算装置 35
エンド・ツー・エンド 54
オッズ比 75
オプトアウト 156
オプトイン 156

◆ か 行

階級 69
過学習 127
仮説検証 15
活動代替 16
カーネル 41
可用性 164
間隔尺度 68
監視 31
関数 120
完全性 164
観測データ 10
記憶装置 37
機械学習 6
機械語 42
機密性 164
キャッシュメモリ 36
強化学習 6, 32
教師あり学習 6
教師なし学習 6
共通鍵暗号方式 62
共分散 73
共有経済 29
行列 25
クラスタリング 20
グラフ 25
グラフ理論 25
繰り返し 113
グローバル IP アドレス 57
計画策定 16
原因究明 15
公開鍵 62
公開鍵暗号方式 62
構造化データ 10
交絡変数 79
個人情報保護法 152
混同行列 146
コンピュータウイルス 165

◆ さ 行

再現率 146
財産権 172
最小二乗法 89

索　引

最頻値　71
サブネットマスク　55
サーベイランス　31
3次データ　14
サンプルサイズ　67
シェアリングエコノミー　29
CSV　10
時系列プロット　88
シーケンス　114
指示的データ分析　27
次数　26
自然言語　12
実験データ　9
質的変数　67
自動翻訳　12
四分位点　71
四分位範囲　71
主記憶装置　37
出力装置　39
順序尺度　67
順序統計量　70
条件分岐　109
肖像権　154
情報セキュリティ　164
情報の縮約　76
新規生成　16
人工言語　12
人工知能　3
深層学習　3
推薦　30
スイッチ　50
スイッチングハブ　50
スパイウェア　166
スマート家電　16
正解率　146
制御構造　106
制御装置　35
生成 AI　3, 34, 162
生存バイアス　95

正の相関　73
節点　25
説明的データ分析　27
セレクションバイアス　94
全数調査　8
相関係数　74
相関分析　21
相対度数　69
相対頻度　69
層別　17
層別帯グラフ　103
層別散布図　74
SoC　40
ソフトウェア　35

◆　た　行

代入　108
代表値　70
第 4 次産業革命　2
タグ付け　12
ターゲティング広告　31
多要素認証　169
逐次　106
知識発見　15
知的財産　171
中央演算装置　35
中央値　70
調査データ　8
著作権　172
著作権法　171
著作人格権　172
追加学習　33
通信プロトコル　52
積み上げ棒グラフ　103
強い AI　6
適合率　146
データ型　115
データ駆動型社会　1

データベース　10
データ倫理　157
転移学習　33
同型なグラフ　26
匿名加工情報　153
度数　69
特化型AI　6
ドメイン　59
トロイの木馬　166

◆ な 行

二元分割表　75
2次元リスト　118
2次データ　13
入力装置　39
人間中心のAI社会原則　160
ネットワーク　25
ネットワークアドレス　55

◆ は 行

バイアス　157
配列　117
パケット　51
パケット交換方式　51
箱ひげ図　71
バスケット分析　22
外れ値　71
パスワードリスト攻撃　167
ハードウェア　35
ハブ　26
ハルシネーション　162
範囲　71
判断支援　15
汎用型AI　6
引数　107
非構造化データ　10, 11
ビジネスモデル　29

ビッグデータ　1
ビット　44
ビデオアシスタントレフェリー　14
人の行動ログ　9
秘密鍵　62
標準得点　72
標準偏差　72
標的型攻撃　167
標本化　46
標本数　67
標本調査　8
標本分散　72
平文　62
比率尺度　68
頻度　69
フィッシング　166
復号　61
符号化　46
不正アクセス　165
物体検出　11
負の相関　73
不偏分散　72
プライバシー権　154
プライベートIPアドレス　57
プログラミング言語　105
ブロック　110
分位点　71
分散型サービス不能攻撃　167
平均　70
辺　25
偏差　72
変数　67, 108
変動係数　72
変量　67
補助記憶装置　37
ホストアドレス　55
ボット　166
ポート番号　52

索　引

◆ ま　行

マルウェア　166
ミドルウェア　40
名義尺度　67
メインメモリ　37
メタデータ　14
文字コード　45
モジュール　120
文字列　109
戻り値　123

◆ や　行

USB　39
要配慮個人情報　153
予測　23
予測的データ分析　27
予測モデル　24

弱い AI　6

◆ ら　行・わ

ラベル付け　12
ランサムウェア　166, 167
リスト　114, 117
量子化　46
量的変数　67
リンクローカルアドレス　59
隣接行列　25
倫理的・法的・社会的課題　151
ルータ　50
レコメンデーション　30
ログデータ　9
論理演算　112
忘れられる権利　155
ワーム　166

執筆者一覧

天野 由貴　　　　　　　　　　　　　　　　　　　　　　　　　　　第7章, 付録
　　帝京大学 ラーニングテクノロジー開発室 講師
　　（熊本大学大学院社会文化科学研究科修士課程修了, 修士（教授システム学））

浦西 友樹　　　　　　　　　　　　　　　　　　　　　　　　　　　　第1章
　　大阪大学 D3センター 教授
　　（奈良先端科学技術大学院大学情報科学研究科博士後期課程修了, 博士（工学））

小野 淳　　　　　　　　　　　　　　　　　　　　　　　　　　　　　第4章
　　千里金蘭大学 教育学部 教授
　　（大阪大学大学院基礎工学研究科修士課程修了, 修士（工学））

小林 聖人　　　　　　　　　　　　　　　　　　　　　　　　　　　　第6章
　　大阪大学 D3センター 助教
　　（神戸大学大学院海事科学研究科博士課程後期課程修了, 博士（工学））

白井 詩沙香　　　　　　　　　　　　　　　　　　　　　　　編集, 第7章
　　大阪大学 D3センター 准教授
　　（武庫川女子大学大学院生活環境学科博士後期課程修了, 博士（情報メディア学））

竹村 治雄　　　　　　　　　　　　　　　　　　　　　　　　　　　　第1章
　　教育テック大学院大学 学長, 大阪大学 名誉教授
　　（大阪大学大学院基礎工学研究科博士後期課程修了, 博士（工学））

田中 冬彦　　　　　　　　　　　　　　　　　　　　　　　　　　　第2, 5章
　　大阪大学 全学教育推進機構 教授
　　（東京大学大学院情報理工学系研究科博士後期課程修了, 博士（情報理工））

千葉 直也　　　　　　　　　　　　　　　　　　　　　　　　　　　　第6章
　　大阪大学 D3センター 准教授
　　（東北大学大学院情報科学研究科博士後期課程修了, 博士（情報科学））

長瀧 寛之　　　　　　　　　　　　　　　　　　　　　　　　　　　　第4章
　　大阪大学 スチューデント・ライフサイクルサポートセンター 教授
　　（大阪大学大学院情報科学研究科博士後期課程修了, 博士（情報科学））

西田 知博　　　　　　　　　　　　　　　　　　　　　　　　　　　　第3章
　　大阪学院大学 情報学部 教授
　　（大阪大学大学院基礎工学研究科博士後期課程単位修得退学, 博士（情報科学））

村上 正行　　　　　　　　　　　　　　　　　　　　　　　　　　　　第7章
　　大阪大学全学教育推進機構 教授
　　（京都大学大学院情報学研究科博士課程指導認定退学, 博士（情報学））

（五十音順）　　　　　　　　　　　　　＊上段は現所属, （ ）内は最終学歴を表す

© 天野・浦西・小野・小林・白井・竹村　2025
　田中・千葉・長瀧・西田・村上

2025 年 4 月 2 日　初　版　発　行

データ・AI 利活用のための
情報リテラシー入門

編著者　白井詩沙香
発行者　山本　格

発行所　株式会社　培風館
東京都千代田区九段南 4-3-12・郵便番号 102-8260
電話 (03)3262-5256 (代表)・振替 00140-7-44725

印刷・製本　三美印刷

PRINTED IN JAPAN

ISBN 978-4-563-01624-1　C3004